国粹武魂：中华武术的文化内涵与技艺之美

宁　辰◎著

中国戏剧出版社
CHINA THEATRE PRESS

图书在版编目（CIP）数据

国粹武魂 ： 中华武术的文化内涵与技艺之美 / 宁辰著. -- 北京 : 中国戏剧出版社, 2025. 5. -- ISBN 978-7-104-05697-3

Ⅰ. G852

中国国家版本馆 CIP 数据核字第 2025R2A272 号

国粹武魂 ： 中华武术的文化内涵与技艺之美

责任编辑： 肖　楠
项目统筹： 康祎宁
责任印制： 冯志强

出版发行： 中国戏剧出版社
出 版 人： 樊国宾
社　　址： 北京市西城区天宁寺前街 2 号国家音乐产业基地 L 座
邮　　编： 100055
网　　址： www.theatrebook.cn
电　　话： 010-63385980（总编室）　　010-63381560（发行部）
传　　真： 010-63381560

读者服务： 010-63381560
邮购地址： 北京市西城区天宁寺前街 2 号国家音乐产业基地 L 座

印　　刷： 天津和萱印刷有限公司
开　　本： 787mm×1092mm　1/16
印　　张： 12
字　　数： 228 千字
版　　次： 2025 年 5 月　北京第 1 版第 1 次印刷
书　　号： ISBN 978-7-104-05697-3
定　　价： 72.00 元

前　言

中华武术，作为中华文化的璀璨瑰宝，自古以来便承载着深厚的历史文化底蕴，有着独树一帜的技艺之美。它不仅仅是一项强健体魄的体育运动，更是中华民族精神风貌的集中展现，是一种深邃的文化象征、一种激励人心的精神力量，以及一种蕴含哲理的生活态度。千百年来，中华武术以其精湛的招式、独特的韵味和深远的文化内涵，如同一颗璀璨的明珠，吸引了无数国内外爱好者的倾心追求与不懈探索。从少林拳的刚猛有力，到太极拳的柔中带刚，每一种武术都蕴含着对生命奥秘的深刻理解和对宇宙法则的独到领悟。随着现代社会的快速发展和科学技术的日新月异，人们的生活节奏日益加快，中华武术的保护与传承也面临着前所未有的挑战与机遇。在经济全球化的大潮中，如何保持中华武术文化的纯正性，同时又能让其在新的时代背景下焕发出新的生机与活力，成为一个亟待解决的问题。

中华武术文化是中华优秀传统文化的重要组成部分，它不仅仅是一种身体技艺的展示，更是我国先辈求生智慧与态度的集中体现。它如同一面镜子，映照出中华民族几千年传统文化的璀璨光芒，具有直接反映民族文化特性的独特魅力。中华武术深厚的文化内涵，如同一座取之不尽的宝库，为中华优秀传统文化的传承提供了丰富多彩的内容；中华武术文化的传播如同坚实的桥梁，连接着过去与现在，使得中华优秀传统文化在传承的过程中不断得到增值与创新。武术教育是传承中华武术文化的重要途径，它不仅传递了中华武术文化的精髓，还为中华武术文化的传承与发展注入了新的活力。中华武术文化为武术教育提供了宝贵的内容与资源，二者相互促进、相互依存，共同推动着中华武术文化的繁荣发展。在中国传统文化的深厚土壤中，中华武术文化逐渐成为一种独特的文化活动和民族精神需求，它如同一股强大的精神力量，激励着中华民族不断前行。同时，中华武术文化也是一种民族所需的文化特性，它蕴含着丰富的文化内涵和精神价值。从中华武术的招式动作中，我们可以领略到中华民族坚韧不拔、自强不息的精神风貌；从中华武术的哲学思想中，我们可以领悟到人与自然和谐共生、阴阳平衡的智慧之道。这些独特的文化特性使得中华武术文化成为中华优秀传统文化的重要代表之一。现阶段，随着我国国力的日益增强和对传统文化保护与传承的重视，传承中华武术文化并促进其发展已经成了一个重要的社会课题。这不仅仅是对中华优秀传统文化的一种尊重与传承，更是对当前促进我国文化发展、建设社会主义精神文明、提升国家文化软实力具有重要的社会意义。因此，我们应该积极采取措施，加强中华武术文化的保护与传承，让这一瑰宝在新的时代背景下焕发出更加绚丽的光彩。

为了更好地保护与传承中华武术文化，本书以《国粹武魂：中华武术的文化内涵与技艺之美》为题，挖掘并呈现了中华武术这一千年文化遗产的丰富内涵，不仅展现了其技艺之精湛绝伦，更致力于探索其在现代社会中的传承路径与发展方向。通过对中华武术历史渊源的细致追溯、文化内涵的深刻剖析、技艺特点的精准提炼、地域生态的多元描绘以及未来发展的前瞻思考，本书力图搭建一座桥梁，引领读者走进中华武术的奇妙世界，深刻理解和欣赏其独特魅力，使读者在心中点燃对中华武术文化的热爱之火，激励更多人参与到中华武术文化的保护与传承之中。

本书共六章。第一章为中华武术文化概论，分别介绍了中华武术运动概述、文化与中华武术文化解读、中华武术文化形态与国际化发展三个方面的内容；第二章为中华武术文化内涵的多维审视，分别论述了中华武术与传统哲学、中华武术与古典美学、中华武术与中医学、中华武术与传统艺术四个方面的内容；第三章为中华武术文化的地域生态及发展探索，主要从不同地域武术文化生态的形成与发展和中华武术文化生态的可持续发展探索两个方面展开论述；第四章为中华武术美学的思想探源与审美表达，介绍了中华武术的美学思想探源、中华武术美学思想的核心理念——审美意象、中华武术技艺审美的理想表达三个方面的内容；第五章为中华武术基本动作方法的技艺之美，主要分析了手型手法与步型步法，肩臂与腰腿部动作方法，跳跃、平衡与翻滚动作方法三个方面的内容；第六章为中华武术经典套路动作的技艺之美，介绍了太极拳与八极拳套路动作、棍法与枪法套路动作和刀法与剑法套路动作三个方面的内容。

本书在写作的过程中得到了许多专家、学者的指导和帮助，在此表示诚挚的谢意。书中所涉及的内容难免有疏漏与不够严谨之处，希望广大读者能够积极批评指正，以待进一步修改。

目　录

第一章　中华武术文化概论

中华武术源远流长，博大精深，是中华优秀传统文化的重要组成部分，承载着上千年的历史积淀与文化精髓。它不仅仅是一种体育运动形式，更是一种独特的身体哲学，蕴含着中华民族的精神特质和价值观念。随着经济全球化进程的加速，中华武术文化也迎来了新的发展机遇和挑战。一方面，中华武术作为一种具有深厚文化底蕴的体育运动形式，受到了越来越多国际友人的关注和喜爱。他们通过学习中华武术，不仅了解了中国的传统文化和价值观念，还感受到了中华武术带来的健康和快乐。另一方面，中华武术也在不断地进行改革和创新，以适应国际市场的需求和发展趋势。

第一节 中华武术运动概述

一、传统武术运动的起源与发展

（一）传统武术运动的起源

武术起源于人类远古祖先的劳动实践。原始社会时期，人类主要以狩猎为生，同时也需要抵御野兽袭击。出于生存需要，人类学会了使用木棍或石头制造简约的武器，这些生存技能是在原始社会生产力不高的基础上形成的，后来逐渐发展成了武术格斗技术。

在漫长的原始社会，武术伴随着人类文明的出现，在人类的各种狩猎、劳作等实践活动中萌芽。武术的本质是技击，因此考察武术的起源，要从人类技击的产生开始。

武术的起源或原始武术的萌生大体可以分为早期与晚期两个阶段。武术起源于原始社会。原始社会的中华民族处在一个生产力落后的社会环境中。为了生存，原始祖先必须同恶劣的自然环境作斗争，除了使用一些简单的工具，还必须学会利用徒手技能来捕杀野兽。在云南的沧源崖画上，就有描绘原始祖先与野兽搏斗的场面。因此，确切地讲，早期的原始武术形态应该是人类的搏击技能和作为本能的攻击性行为的混合形态。基于原始生存竞争的人与兽斗的搏杀技能不应被归为武术技能，真正"催生"武术技能出现的应是人与人之间的搏杀格斗。原始的争斗和部落之间的战争，则对促进原始武术的形成发挥了重要的作用。从武术起源的阶段来看，军事战争对武术萌生发挥的作用或原始武术与军事武艺的混杂阶段，应归为武术起源的后期。

远古时期武术萌芽之后的发展阶段也颇受人类生存状态影响，从狩猎、防御野兽进攻等最基本的生存需要发展到部落氏族之间的斗争，从人与兽斗到人与人斗，这些均使得武术发展产生了新的特点。原始社会的人们在生产力水平不高、自然环境恶劣的环境下，为了生存，发展出了防御或攻击的本能动作。随着时间推移，这种防御或攻击的本能动作逐渐积累，不再仅限于自发随意的动作，而是形成了一些含有固定套路的攻防技术技巧。

旧石器时代晚期，人类已经可以熟练使用石头制作一些物品和生产工具了。进入新石器时代，弓箭这一工具已经被广泛使用了。由于生产、狩猎等工具不断地发展创新，人类在劈、砍、击、刺等动作上积累了更为丰富的经验，这为武术的发展奠定了基础。

原始祖先除了防卫、狩猎等行为，还会为了领地、食物、配偶选择等发生斗争。生产水平不断提高、部落氏族的产生和发展、私有制出现等一系列的社会进步，促使了有组织、有规模的战争。这些战争使得人与兽斗的工具和技术逐渐转变为人与人斗的技术技巧，并直接促进了武术器械的制作和技术技巧的发展。武术器械种类的增加使得兵器相应的使用技术和招数也不断丰富和发展。

（二）传统武术运动的发展

1. 古代武术运动的形成与发展

公元前 221 年至公元 960 年，中国历史上经历了秦、汉、三国、两晋、南北朝、隋、唐、五代等朝代，在这漫长的历史发展过程中，中华武术也在进一步发展与完善。

秦汉时期，随着步骑战的发展，兵器的形制、种类、质量都有了较大的变化。从秦俑出土的戈、矛、戟、钩、剑、弓弩、钺等兵器来看，有长兵器、短兵器等，已构成了古代兵器完整的系列。秦朝以后，特别是两汉时期，已有成建制的大量骑兵，适用于劈砍的环柄大刀开始大量使用，长剑逐渐被弃用。同时还出现了攻防兼备的“钩镶”，其形制是一块较小的长方形盾，盾的中间突出一短锥，盾背面有把手，上下各伸出盾外一钩。作战时一手持刀，一手持钩镶，推镶可以御敌，钩引可以刺杀。

兵器形制的改进和新武器的发明，不仅丰富了武术的内容，也促进了使用方法的更新，甚至出现了把攻防动作连接起来的练习形式，即套路的雏形。在成都与南阳等地出土的汉画像砖上就有这种练习形式，如弓步扎枪、跃步前刺、上架格挡等动作。这些练习形式既有技击特点，又有娱乐性质。

“从秦汉的文献和出土文物中，还可看到对抗练习的形式。有‘手搏六篇’。手搏也称‘弁’或‘卞’”，[①] 是一种徒手搏斗形式。湖北省江陵县凤凰山出土的木篦就有彩绘的手搏场面：一方右手横击对方头部，另一方冲拳还击。四川新都出土的汉画像砖中的手搏图也形象地表现了二人拉开架势、聚精会神的对峙姿态。

---

① 体育院校成人教育协作组《武术》教材编写组：《武术》，人民体育出版社，1997。

“对抗形式的‘角抵戏’形成于秦代，发展于西汉，其规模很大。如汉武帝元封三年‘作角抵戏，三百里皆来观’。角抵具有竞技和娱乐的意义，是凭体力和技巧战胜对方的竞技运动。”[①]

进入两晋、南北朝后，武术得到了进一步发展。这一时期，战乱频繁，各民族的武术得到发挥和交流，骑射武艺受到重视，北方民族以骑兵作战为主，南方民族则多使用步骑配合作战。骑兵作战要求熟练地运用矛、稍（槊）等长兵器，而步兵作战则多用刀盾、双戟等短兵器。长兵器的戟逐渐减少，稍成为主要武器，其运用技巧发展较快。

游牧民族自古有角力的历史传统，两晋、南北朝时期受其启发，使得角力开始广泛流传，为更多人所认识。考古工作中发现的石砚上就有两个身强体壮的人正在角力的技艺形态，他们徒手相搏，竞争激烈。敦煌壁画中亦有相扑图，角力双方均赤裸上体，下着短裤，一方提脚将对方按倒。

唐朝时期武举制的盛行促使武术的发展有了质的飞跃。武举制中有射箭这个科目，其中包括平射和筒射；还有骑枪、力量负重、智力考核等考试科目。武举制的存在调动了习武人的积极性，同时吸引了更多人练武，武术在多人参与的情况下越发盛行。

剑自秦汉以来，在军中基本被淘汰，只在民间发展。唐朝时期生产力水平提升，娱乐性的武术在民间广为流传，军队中被淘汰的剑在民间的表演、演练中有了较高的发展水平。像唐朝著名诗人杜甫和姚合都有描绘过剑舞。民间尚武之风日盛，僧人习武练力常有之。僧人习武在于强身自保，使武术练习方法进一步与健身养生方法相结合，形成独特的武术练功法。隋唐时有轻功、内功的记载。这一时期，虽然文献上关于武术的内容记载甚少，但在敦煌藏经洞幡画上却保留着一千多年前的练武图，有徒手的角抵、角力和手持器械的舞剑、矛盾对打等，为后人提供了形象的具体材料，使我们可以窥见当时武术发展的水平。

2. 近代武术运动的发展

近代中国在以科技为先导的西洋文明的冲击下被迫拉开了转型的历史帷幕，伴随着西学东渐的强劲步伐，古老的中华武术演绎出了一首艰难曲折的转型乐章。1900 年前后主要兴起于河北、山东、河南等北方大地的义和团运动在近代中华武术发展中有着重要作用。在国家危难之时，以传统武术奋勇抗争的中华儿女展现了不畏强暴、刚健有为的优良品质。武术也在这个时期实现了突破和发展。

① 汪珂永：《中华传统武术文化及传承》，光明日报出版社，2016。

民国初年，习武开禁，拳技之风蓬勃一时。以技击名震天下的霍元甲为该时期的代表人物。民间出现许多拳术社、武士会、武术会，其中，以上海的“精武体育会”最为庞大。它在许多省设立分会，并传播到中国香港及东南亚一带，在继承和发展中华武术方面起到了积极作用。中华人民共和国成立前，武术组织甚多，出现了规模不等、组织形式多样、商业性明显的私人拳社。精武体育会、中华武术会、拳术研究会、中央国术体育专科学校等武术组织在一定程度上促进了武术的发展。

3. 现代武术运动的发展

中华人民共和国成立后，武术作为中华优秀传统文化的一部分，也开启了新的征程。党和国家十分重视武术工作，把武术作为社会主义体育事业的一部分，确立为国家开展的体育项目之一。历经半个多世纪的发展，武术运动发生了巨大变化。党和国家领导人从人民的健康出发，积极倡导人们参与打太极拳等体育活动。为了发展武术事业，国家体育运动委员会（现国家体育总局）先后建立了武术科、武术处、武术研究院。自 1958 年成立中国武术协会后，各省市的分支机构，乃至区、县、厂矿、学校、企事业基层也开始成立相应的武术协会，为做好武术工作奠定了坚实的物质基础。

20 世纪 70 年代，武术发展主要表现为太极拳、南拳、八卦拳、通臂拳等的普及。1982 年和 1992 年召开的全国武术工作会议，制定了武术进一步发展的方针政策，即组织挖掘整理工作，开展普及提高工作，不断提高武术的科学化水平，积极稳步地向世界推广。这些举措促进了武术事业不断前进和健康发展，武术工作者也受到尊敬和爱护。他们有的参与国家武术方针大计的研究和实施，有的在高校任教，有的在辅导机构带群众习武健身。1984 年，国务院正式确立武术作为一门学科，批准招收硕士研究生；1996 年，设博士研究生授权点又开，武术教育逐步进入高层次文化领域。武术丰富的文化内涵和精湛的技艺不仅是中华民族的宝贵财富，而且是人们强身健体的选择之一，具有重要的历史意义和现实价值。

从 20 世纪 50 年代国家推广、简化太极拳、初级拳械，到 20 世纪 90 年代推广“全民健身计划”，群众性的武术活动逐步遍及城乡、厂矿、企业、学校。每年举行的全国武术馆校比赛、两年一次的全国民间演武大会、武术之乡评比活动等极大地激发了群众的练武热情。群众性的武术活动与国际民间文化的交流日益频繁，习武健身活动日渐丰富。国家对社区馆校推行的管理措施和制度将引导武术走上更加蓬勃发展的道路。

武术于中华民族而言是一项优秀传统文化，同时它也属于世界文化的一部分，在国际体育界占有一席之地。因此，为了进一步促进中华武术的发展，我国于1982年全国武术工作会议上公开亮出了向外推广、走向世界的旗帜。

中华武术的国际化进程快速发展，1990年成为亚运会正式项目，2008年被列为表演项目亮相北京奥林匹克运动会，2022年青奥会实现奥运会系列赛事的突破。当前，中华武术的发展呈现三大趋势：在教育领域，全国大中小学开设“武术”课程，专业院校设立硕士、博士培养体系；在传播层面，借助影视媒介与短视频平台扩大影响力，赛事直播覆盖全球；在技术创新方面，融合虚拟现实训练、智能穿戴设备等科技手段。未来，中华武术需要在保持传统特色的基础上，通过赛事品牌建设、跨文化传播策略和数字化转型，持续在全球体育生态中焕发活力。

二、传统武术运动的定义与文化内涵

（一）传统武术运动的定义

武术在不同发展时期有过很多不同的名字，如春秋战国时称为“技击”，汉代称为“武艺”，清初称为“武术”，民国时期称为“国术”，中华人民共和国成立后正式命名为“武术”。关于武术的记载有很多，在文字记载的古代武术中舞练形式的套路运动有“使棒”“使枪”“戈舞”“矛舞”“刀舞”“剑舞”等单人和集体的演练，以及“枪对牌”“剑对牌”等双人对练。对抗形式的搏斗运动有“角抵”“手搏”“相扑”“击剑”“较棒”“刺枪”等。

传统武术的发展见证了中华民族的发展进程。因此，有必要将武术不断发展下去并发扬光大，这一方面有利于振兴民族文化，另一方面对于中国文化走向世界具有重要意义。但是，对于传统武术的定义有多种不同说法。

总的来说，武术是我国传统的技击术，它以攻防技击为本质特征，以健身、防身、修身、养性为基本功能。“武术是中华民族文化中最具代表性和典型意义的传统体育项目，其具有丰富的思想文化内涵，代表了中华民族特有的精神风貌和趣味追求。”① 武术归属于传统的民族体育，有着独特的运动形式和方法。它是民族文化的一部分，是以人体运动形式表现的中华文化形态。时至今日，传统武术已成为中华优秀传统文化的重要组成部分。

---

① 周海波：《浅析当代社会生活方式变化对武术运动发展的影响》，《当代体育科技》2021年第13期，第160页。

（二）传统武术运动的文化内涵

1. 武术文化与传统哲学

武术文化与传统哲学是东方文化中极具代表性的两大元素，它们融合了千百年来人类智慧的结晶，深刻地影响着人们的思想观念、行为准则及生活方式。在中华优秀传统文化大厦中，武术文化和传统哲学如同两座耸立的塔楼，它们相互呼应与共融，绘就了一幅独特而壮丽的文化景观。

武术文化与传统哲学之间存在着深刻的内在联系。从东方哲学的角度来看，武术不仅是身体上的技艺，更是内心修养的体现。在儒家思想中，武术被视为塑造人格、培养品德的重要途径之一。通过修行武术，人们不仅能够提升身体素质，还能够培养坚韧不拔、自律自强的品格。同样地，在道家的理念中，武术被看作与自然和谐相处的一种方式，倡导顺势而为、顺时而动，追求以柔克刚、克己复礼的境界。

武术文化与传统哲学之间相辅相成，共同构建了东方文化的精神家园。武术不仅是一种实用的技能，更是一门艺术，它蕴含了丰富的哲学内涵。在武术的世界里，拳招刀法不仅是技巧的展现，更是一种哲学的表达。我们在武者行为中不难发现儒家的仁义礼智信、道家的无为而治、佛家的慈悲为怀等思想。同时，传统哲学也为武术提供了精神上的支撑和动力。武者不仅追求武术技艺的精湛，更追求心灵的升华。在武术修行的过程中，他们不断超越自我，不断追求境界的提升，这正是传统哲学精神的体现。

武术文化与传统哲学的影响范围不仅局限于武者，而且渗透到了社会的各个层面。在古代，武术曾经是国家强盛的象征，武者以儒家的仁、义、礼、智、信为准则，用武术的力量捍卫着国家的尊严和民族的荣耀。同时，武术也是社会道德的传播者，它强调的忠诚、诚信、团队合作等观念，都是传统哲学思想在社会实践中的具体体现。在现代社会，虽然武术不再是战争的工具，但它依然是弘扬民族文化、传承中华优秀传统文化的重要载体。无论是武术比赛还是武术表演，都是弘扬国粹、传播文化的重要方式，而其中蕴含的传统哲学思想也在潜移默化中影响着人们的思想观念和行为准则。

武术文化与传统哲学是东方文化中不可分割的两大元素，它们以其深厚的历史底蕴和丰富的内涵，共同构建了东方文化的精神家园。武术的修行是一种内在情感的升华，是对传统哲学思想的体现和延伸；而传统哲学思想为武术提供了精神上的支撑和动力。二者相互依存、不可分割，共同塑造了东方文化的独特魅力，也为人类文明的进步与发展注入了源源不断的智慧和力量。

2. 武术文化与传统艺术

武术文化与传统艺术密不可分，二者相辅相成，共同构成了中国丰富多彩的文化传统。武术本身就是一种传统艺术形式。作为古代战争技艺的延续和演化，武术在历史长河中逐渐发展成一种独特的身体技能和艺术表演形式。从太极拳的缓慢柔和到少林拳的雄浑有力，每种武术都蕴含着丰富的艺术表现形式，包括动作、节奏、音乐、服饰道具等，这使得武术不仅是一种实用的防身技艺，更是一种富有艺术美感的表演形式。

武术文化与传统艺术有着深厚的文化渊源。武术在传承和发展的过程中，吸收了大量的文学、音乐、绘画等艺术元素，形成了独特的艺术风格和美学理念。例如，武术动作中的舒展、流畅、优美，体现了中国人对美的追求和对自然规律的感悟，与中华优秀传统文化中绘画、书法的意境和韵味相通，形成了一种独特的艺术审美。

同时，武术文化也常常与传统艺术相结合，为观众带来丰富多样的艺术表现。例如，武术表演常常融合舞蹈、音乐、戏剧等元素，形成武术舞台剧、武术舞蹈等形式，既展示了武术的精湛技艺，又丰富了传统艺术的表现形式，为观众带来了视觉、听觉的双重享受。

此外，武术文化与传统艺术在价值观念和精神内涵上也有着共通之处。武术强调的礼义廉耻、尊师重道等道德准则与传统文化中的仁义道德、忠孝节义相契合，体现了中华民族的价值观和道德伦理。同时，武术强调的内外兼修、动静结合体现了中国传统文化中“天人合一”“阴阳调和”的思想，与传统艺术追求的心灵和谐、意境超脱理念相呼应。

武术文化与传统艺术不仅是中华优秀传统文化的重要组成部分，还是世界文化宝库中的瑰宝，对于弘扬民族精神、传承文化遗产具有重要意义。

三、传统武术运动的形式与特征

（一）传统武术运动的形式

中华民族有着灿烂辉煌的传统文化，武术无疑是其中的一块珍宝，它在人类繁衍生息，同人、自然搏斗的过程中起到了极其重要的作用。传统武术运动的形式以踢、打、摔、拿、击、刺等技击动作为主要内容，通过徒手或借助器械的身体运动来表现攻防格斗的能力。它虽不同于使人致伤的其他实用技击动作，但有着同其他体育项目类似的强体魄、壮筋骨的健身功能，逐渐为人们所接受。

就武术区别于其他体育项目而言，其运动形式有套路、技击、功法三种，动作素材具有攻防属性。武术套路运动形式是将一些攻防的动作、技术、技巧等按照一定规律编串成套以供练习者锻炼的方法；武术技击运动形式是两人运用符合一定规则的攻防技术动作相互比试并一决胜负的锻炼方法；武术功法运动形式是专注于某项技能以使自身获得提升的锻炼方法。

三种运动形式都有各自的一套锻炼体系，同时又相互交融、相互为用。套路形式有助于练习者熟练掌握招式、方法，使自己的身手更为灵敏，反应更为迅速；技击形式有助于练习者不断增强自身的攻防意识，更好地应对对手的攻击，同时做好防守，果断出击；功法形式有助于练习者提升自己的体能，从而在套路和技击运动中有良好的基础。在套路和技击运动中练习者的功法运动水平也会显现出来。武术这三种运动形式所体现的特征，较之其他体育运动项目而言更为全面。

（二）传统武术运动的特征

1. 注重刚柔变化

武术讲究刚柔并济，而武术的劲力正是武术中刚柔变化的直接表现。武术的劲力包含用力的技巧，以及蓄力、顺劲、柔化、刚发，要求发劲的过程既合乎顺势又完整。力量有大小之分，而劲力有刚柔之变。比如，练拳的时候，刚而不能僵硬，柔而不能软弱，太过于刚强不讲究变通，或者太过于柔弱而无阳刚之气，都不会取得好的效果；相反，先刚而后柔或先柔而后刚会取得不错的效果。武术对于发力顺序也是有讲究的，不管是腿法、拳法，还是掌法，发力点、用力点都是值得注意的地方，发力顺序中往往暗含着对于刚柔变化的要求。

劲力的表现也不是单一的。例如，武术中常说的“寸劲”表现为爆发力量短促、刚脆；“化劲”能够将对方来劲顺势转化到利于我而不利于对方的方向，达到以柔克刚的目的；“翻扯劲”发力时各关节灵活自然、放松不拘、合蓄开发、势猛力柔、柔中含刚；“崩撼劲”先蓄后发，在刚猛之中又见敏捷轻柔。具体到拳种，冷弹劲、鞭打劲、碾转劲、缠丝劲、螺旋劲、绷劲等各有其巧妙之处。实际上，每一种拳对于劲力的运用都是有要求的。在学习武术的过程中，教师的口传身授自然起着举足轻重的作用，有很多口口相传的内容，要用心去体会，仅依靠文字将很难了解其中的精髓。

2. 追求内外和谐

中华优秀传统文化中的书法艺术、美术、戏曲艺术等无不体现着和谐的因素，武术也不例外。在中国传统哲学“一天人，合内外”思想的影响下，武术所追求的是一种更高层次的协调，即内外合一、形神兼备。内在的心神意气与外在的形体动作应讲究协调一致。武术练习者也要以此为追求，不断进行探索。

在武术的动作方面，要做到“内外六合”，即手与足合、肘与膝合、肩与胯合、心与意合、意与气合、气与力合。在武术势与势的连接方面，要做到从开始到最终的动作之间能够气势相连、气运连贯、一气呵成、和谐完整。此外，武术还讲究以形喻势，一旦动作协调，则“行如游龙，视若猿守，坐如虎踞，转似鹰盘”，达到一个既形似又神似的境界。总之，内外合一、形神兼备的高度和谐是武术练习者的最终目标和不懈追求。

3. 技巧与功力互补

武术既有对技巧的掌握，也有对功力的要求，二者缺一不可。武术的技法体系庞大，极大地丰富了武术技巧。武术技法运用之妙往往能够令人大为赞赏，这比单单地以蛮力取胜更能令人叹服。追求技击技巧是武术在传统文化影响之下形成的一大技术特色。

四、传统武术运动的流派、经典拳种介绍与价值

（一）传统武术运动的流派

1. 少林派

少林派的武术以少林寺所传习拳械为基础形式，具有节奏鲜明、大开大合、气势磅礴、快速有力、势正招圆等特点。其武术运动以直拳、摆拳、勾拳为主，多属于长拳。黄宗羲撰写的《王征南墓志铭》中提到的“少林以拳勇名天下”[①]说的就是少林长拳。

少林派的短打指的是动作幅度小、贴身近战、短促而多变的拳术。明代程宗猷写的《耕余剩技·问答篇》对短打有清楚记载：“短打有绵张任家之类。”

2. 武当派与峨眉派

在传统武术运动的流派划分中，一般俗称的内家拳为武当派。这主要是因为由武当派创始人张三丰所创立的用于内修的太极拳法是武当最负盛名的拳法。

峨眉拳是内家拳中十分出名的一种。峨眉拳集众家之长，形成了独特的技法

① 李成银：《中国武术咨询大全》，山东教育出版社，1993。

与风格。峨眉拳分为僧门、岳门、杜门、赵门四大家和洪门、化门、字门、慧门四小家。峨眉派是有史以来最有名气的女子武术一派，在其创始之初，只收女性弟子，推崇的是女子之柔。但后来发展到了男女皆用，取众家之所长，形成了自成一体的武术套路。对于注重以柔克刚、以静制动的峨眉派来说，少林拳便成了外家拳的代表。

3. 南派与北派

南派与北派是按照地域来划分的，此划分方法以流传地域为基础，并受地理环境气候的影响。一般将黄河流域以北划为北方，长江流域以南划为南方。民国时期陆师通编撰的《北拳汇编》等书使用了“南派”与“北派”的称谓，之后此分类方法便在民间流传开来。

我国北方自然条件比较严酷，气候寒冷，地形多平原，这使得北方人往往有着健壮的身体和直爽的性格。在拳式上主要表现为技击多长拳阔步，讲究以进取胜。此外，北派还流传着丰富多样的武术腿法，武术动作起伏明显，步伐快速、刚健有力。

南方自然条件较为优越，气候温和，地形多为山丘，这使得南方人的体质稍逊于北方人，性格上也偏于温和。在拳式上主要表现为技击多短打小步，讲究以机取胜。相较于北派，南派流传的武术拳法多而腿法较少。南派的拳法动作紧凑，劲力充沛。

（二）传统武术运动的经典拳种介绍

1. 六合拳

六合拳源于元末明初，是中国传统名拳之一。关于六合拳的来源，1990 年河北省武术挖掘整理小组编写的《河北武术》一书指出，六合拳“大体皆出于河南嵩山少林寺韦陀门”[①]。六合拳是中国武术中的一个大拳种，历史悠久，人才辈出，在全国分布比较广泛。

六合拳在当今河北省一带流传较广。以六合拳闻名的武术家有李冠铭、李凤岗、大刀王五等风云人物，而佟忠义则是与王子平齐名的一代名家，被美称为“沧州二杰”。六合拳以舒展大方、快速多变、动静分明的长拳风格而闻名，其招式轻敏连贯、稳中有动、步法清晰、刚柔并蓄、飘洒实用，技法讲究“一打二拿三摔”，拳法刚劲饱满、势势相连、一气呵成。

---

① 申国卿、邓方华：《中国武术导论》，重庆大学出版社，2016。

2. 八卦掌

八卦掌是中国古老的传统拳术，长期以来，一直与形意拳、太极拳、少林拳并称为中国四大名拳，在各地广泛流传，是中华武术中的一个优秀拳种。八卦掌是以绕圆走圈为主的奇特功法。

八卦掌整套功法注重动静结合。其中之静，有静桩和坐功、卧功；其中之动，有动桩和转、换、打。一静一动、一阴一阳，很好地体现了八卦掌功法组成上的阴阳特征。这种动静兼顾的功法特征，既可以通过静功的作用使练习者具有扎实的内功基础，又可以通过动功的作用使练习者的功力具有实践性。练习者在动静结合的练习中身体和精神都能得到不错的锻炼。

八卦掌的转圈是顺时针和逆时针兼顾的，换式是左右完全对称的。其意为统揽阴阳、环顾八方、左右互练、阴阳相易。同时，在实践中，这种功法特点可以使人全身协调、四方兼顾，不轻易被敌人乘虚而入。

在功法训练上，八卦掌的掌法有仰、俯、竖、抱、劈、撩、穿、挑，步法有摆、扣、起、落、进、退，身法、劲力有走、转、拧、翻、伸、缩、开、合、动、静、刚、柔等，总是讲究上、下、左、右、前、后相间，法含阴阳，变化多端。八卦掌以八个掌式动作为基础，按阴阳相配的原则组合出无数实用的散手组合，纵横联络、奇正相生，所以实用性很强，同时可以提纲挈领，并且其中的规律也不难掌握。

八卦掌功法的要领是绕圆走圈，这是它区别于其他拳种的地方。八卦掌的功法无外乎站、转、换、打四部分。通过这四部分功法的练习，练习者可以获得不同的经验。这四部分功法中的换和打实际上是从绕圆走圈中派生出来的。八卦掌的训练重点是两条腿，注重发挥腿的主动作用，在进退攻防的环境中，利用步法的转移闪让，诱敌扑空，出其不意，并且侧面迂回，突击进攻。在进行游身连环活步训练时，行走过程中要不断进行各种动作变化，一动即变，一变再变，以便更好地训练应变技能。这种功法奇特、灵活机动的八卦掌训练，被人称为“活桩步”。

3. 形意拳

形意拳以阴阳五行学说立论，以飞禽走兽的技能特点为模仿、学习的对象，象其形，取其意，取其精髓，体现了丰富而浓郁的象形取意的仿生学思想。比如，五行拳中崩拳似箭，取射物之意；十二形中的虎形，取猛虎伏身离穴之势、扑食之勇等。其各拳都以“象形取意”为拳理，古谱中所说的行如槐虫，起如挑担，是形意拳起落进退的基本法则之一。形意拳之十二形者：龙、虎、猴、马、鼍、鸡、骀、蛇、鹞、燕、鹰、熊；十二形拳之取意为：龙有吸水之精，虎有扑食之勇，猴有纵跳之能，马有疾蹄之功，鼍有浮水之灵，鸡有争斗之性，骀有崩撞之形，蛇有拨草之精，鹞有入林之妙，燕有抄水之巧，鹰有捉拿之技，熊有竖项之力。象其形，取其意，练习者习拳必须符合拳理，服从拳法。“心意诚于中，肢体形于外”，外形与内意高度统一与结合，才成“形意”。

（三）传统武术运动的价值

1. 制敌防身价值

传统武术起源于古代的军事战争与民间自卫需求，其制敌防身功能是最原始且核心的价值体现。从技术体系来看，传统武术包含丰富多样的攻防技法，如拳法中的直拳、勾拳、摆拳，腿法中的侧踢、正蹬、鞭腿，以及摔法、拿法等。这些技法经过长期实践检验与传承，具备很强的实用性。例如，形意拳以其简洁明快、刚猛有力的动作，在近身搏斗中能迅速发力制敌；太极拳虽动作舒缓，但其中蕴含的掤、捋、挤、按等技法，在化解对方攻击的同时能巧妙反击，体现出“四两拨千斤”的精妙。

在冷兵器时代，武术高手凭借精湛的武艺在战场上奋勇杀敌，保家卫国；在民间，习武之人也可凭借武术抵御盗匪侵害，维护自身安全与社会秩序。在现代社会，虽然法律与科技为人们的安全提供了更多保障，但传统武术的制敌防身价值依然存在。学习传统武术能让人在面对突发的危险时，掌握一定的自卫技能，增强自我保护能力，同时培养了应对危机时的果敢与冷静。

2. 修养道德价值

传统武术深深扎根于中国传统文化土壤，与儒家、道家等思想紧密相连，蕴含着丰富的道德修养内涵。未曾学艺先学礼，未曾习武先习德。这是传统武术传承中始终强调的理念。武术界尊崇的武德，包括尊师重道、诚实守信、扶危济困、见义勇为等。

尊师重道要求习武者尊重师长，虚心接受教导，传承技艺与品德。在传统武术传承体系中，师徒关系极为重要，师父不仅传授武艺，更注重培养弟子的品德。诚实守信是习武者立身之本，无论是在比武切磋中，还是在日常交往中，都要做到言行一致、遵守承诺。扶危济困、见义勇为体现了习武者的社会责任感与正义感。许多武术流派都鼓励弟子运用所学技能帮助弱小、对抗邪恶，为社会正义贡献力量。通过长期习练武术并遵循武德规范，习武者能够在潜移默化中提升自身道德修养，培养坚韧不拔、谦逊有礼、勇于担当的优秀品质，这种道德修养不仅在武术领域中，更在日常生活与社会交往中发挥积极作用。

3. 健身养生价值

传统武术在健身养生方面具有独特优势。从运动生理学角度来看，传统武术的动作多为全身性运动，涵盖了屈伸、扭转、跳跃等多种动作形式，能够全面锻炼人体的肌肉、骨骼、关节及心肺等。例如，八段锦的动作舒展优美，通过配合特定的呼吸，能够调节气息、畅通经络，增强身体的柔韧性与心肺功能；五禽戏模仿虎、鹿、熊、猿、鸟五种动物的形态与动作，有助于活动肢体关节，促进血液循环，达到强身健体的目的。

传统武术还注重身心合一，强调意念与动作的协调配合。太极拳中的“以意导气，以气催力”，要求习练者在运动过程中排除杂念，专注于动作与呼吸，使身心处于一种高度和谐的状态。这种身心兼修的锻炼方式，不仅能够增强身体素质，还能缓解精神压力，调节心理状态，对预防和治疗一些慢性疾病，如心血管疾病、神经衰弱等具有积极作用。长期坚持习练传统武术，能够促进人体的新陈代谢，延缓身体机能衰退，实现健康长寿的养生目标。

4. 娱乐表演价值

传统武术具有较高的娱乐表演价值，可以为人们带来丰富的视觉与精神享受。在历史上，武术表演就是民间娱乐活动的重要组成部分。无论是在节日庆典、庙会集市上，还是在宫廷宴会上，武术表演都备受欢迎。武术表演融合了武术的技击性与艺术性，通过精心编排的套路、精彩的动作展示，展现出武术的力量美、节奏美与技巧美。

现代社会，武术表演在舞台艺术、影视创作等领域得到更广泛应用。武术运动员在各类武术比赛、文艺演出中的精彩表现，吸引了大量观众，传播了武术文化。在一些影视剧中，武术元素不可或缺，从早期的功夫电影到如今的武侠题材影视作品，武术表演为剧情增添了紧张刺激与奇幻色彩，塑造了众多深入人心的英雄形象，激发了观众对武术的兴趣与热爱。武术表演不仅丰富了人们的文化生活，还成为传播中国传统文化、提升国家文化软实力的重要载体。

第二节　文化与中华武术文化解读

武术作为一种社会文化现象，从产生到成熟有一定的历史演进过程。萌芽时期的武术仅是简单的技能体现，主要是为了生存需要；形成时期的武术依附于其他学科不断丰富自身内涵，追求实用价值和理论基础；成熟时期的武术拥有完善的体系，能反映中国传统文化的基本精神。这种基本精神是在东亚农耕文明孕育中所形成的文化特质——内倾、和谐、伦理和审美。这也许就是中华武术文化有别于游牧文明和商业文明的根本所在，也是中华武术文化之所以称为武术文化，而不称为功夫的原因所在。

一、文化

（一）文化的一般性释义

从哲学角度解释文化，文化是以人的解放、理性精神和语言符号为代表的哲学定义。之后，这个词的含义在不断地演化。不可否认，多学科的文化研究成果为学者打开了更广阔的思维空间。正因如此，在研究文化和中华武术文化之前要弄清文化的定义。文化是一个复杂的动态系统，是一个不断创造的过程，其发展既有自身的客观规律，又有时代性和民族性。文化不是虚无缥缈的，而是具象的，是对文化物质化世界的感受。

把文化作为一个特定的学科领域，对其进行研究，是从文化人类学或民族学开始的，该研究持续的时间长、影响大，后来逐渐形成九种文化的基本概念——文化的哲学概念、艺术概念、教育概念、心理学概念、历史学概念、人类学概念、社会学概念、生态学概念和生物学概念。其中每种都含有作为一个概念来全面理解文化的线索。其总体是向着含义更广泛和更综合的方向发展的。

（二）文化的类别

文化是人类社会的特有现象，是人类智慧和创造力的体现。一切文化含义都是从这个意义上发展并引申而来的。一般情况下，为了便于研究，将文化限定条件，可以达到指向性更加明确的目的。例如，按时代限定有新石器时代文化、玉器时代文化、青铜器时代文化、古代文化、现代文化等；按区域限定有仰韶文化、马家窑文化、大汶口文化、二里头文化、河姆渡文化、良渚文化、红山文化等；按物质产品限定有茶文化、酒文化、陶艺文化、建筑文化等；按精神产品限定有儒家文化、佛家文化、道家文化等；按社会群体限定有企业文化、农村文化、校园文化等；按层次结构限定有物质文化、制度文化、精神文化等；按特定事物限定有商品文化、影视文化、体育文化、武术文化等。对文化的研究应该着眼于对人类文明有价值的方面。

二、中华武术文化

（一）中华武术文化的学说和层次

1. 中华武术文化的学说

（1）生产劳动说

远古时期，地广人稀，野兽众多，那时的食物大多来源于采集和狩猎，在生产劳动时为了捕获猎物，祖先掌握了使用棍棒和制服猎物的技巧，也积累了同猎物搏斗的经验。为了抵御自然灾害和防止野兽袭扰，他们采取的生产方式是集体协作。他们在集体协作中相互交流制服猎物的技巧及与猎物搏斗的经验，因此远古时期人类的生产劳动促进了武术的萌芽。在生产劳动中产生了不同的劳动方式，如狩猎者需要击、刺，砍柴者需要劈、砍等，不同劳动方式的使发力特点在生产过程中形成了推、扛、搂、抱等动作，为了节省体力又形成了弓、马、扑、歇、虚等步法，这些动作与步法为武术的萌芽奠定了基础。

（2）战争说

在古代，宗法制和分封制制度下的社会产生了诸多国家。由于生产力不高，各诸侯为了壮大需要获得更多生存资源和生产者，因此诸侯国之间展开了征伐和防卫。在征伐和防卫过程中，劳动技能逐渐演变为攻防技巧和搏杀技能，同时，为了彰显自己的实力、威震对方及增强战斗力，还产生了一种以搏杀技能和攻防技巧为主要表现形式的武舞。

（3）模仿说

中华武术文化的模仿说，主要包括以下方面。

第一，我国古代是农耕社会，不同的自然环境造就了不同的生活方式，人们在自然活动中为了保护自身安全，开始模仿或观察自然界中动物的形态特点和相互搏斗的技能，进而演变成武术中不同技能的招式。

第二，人们在征伐中练习搏杀技能，模仿对方的招式并进行练习，形成了自己的武术技能。

（4）舞蹈说

武者执干（盾）、戈，佩弓、矢，练习射箭、驾车、挥戈、执盾，同时学习舞乐和礼仪。相传武王（姬发）所创《大武》共有六成，其舞者执干戈或斧钺或弓矢，具有古朴、雄健、猛锐、厚重的特点。汉代的“刀舞”“棍舞”就充分体现了武者雄健勇猛的特点。

2. 中华武术文化的层次

（1）精神文化

中国人具有坚强的意志力，能够适应各种艰难的环境。武者经过日积月累的练习，具有刚健自强的精神及强烈的爱国主义精神，许多武林志士在国家危亡时刻挺身而出、舍生取义。

（2）物质文化

物质文化是中华武术文化中存在实体的文化。武术技术、武术理论、武术招式、武术套路、拳种、功法、器械等实体都属于中华武术文化中的物质文化。器材设备是中华武术文化传播的载体，是人类进行健身活动、修身养性、保护自身安全的重要工具。

（3）心态文化

心态文化是中华武术文化中的延伸文化。心态文化没有实体，包括武术的价值观念、思维模式、审美情趣、武德规范、行为准则、伦理思想等文化内容。武德决定了武术伦理的发展方向。武德和武术伦理属于武术的行为文化。制约人的行为、纠正人的思想、完善人的情感表达是心态文化的主要作用。在中华武术文化层次中，心态文化属于深层次文化，受外界因素影响较小。

（二）中华武术文化中的价值追求

中华武术体现了中华文化的魅力。人与人、人与社会、人与自然之间的和谐关系是中华武术文化的价值追求。武术是人类评判自我价值，肯定自我努力的一种方式。人类文明发展孕育了武术文化，武术文化也推动了人类文明发展。

1. 中华武术对“和”的追求

中国传统文化对中华武术的影响较为显著。中华武术以“和”为主要思想，“人和”是中华武术的最终目标。中华武术是中国传统文化思想的载体和表现。儒家思想中的“尚和中庸”“以和为贵”“和谐”是中华武术的核心思想。武术的本质是斗争和格斗。中华武术将“和”与“争”完美融合在一起。中华武术追求的目标是“和”，表现形式是“争”，二者对立统一、相互影响、相互制约。

在西汉时期，武力是国家强行统治人民的手段。不利用文化和道德改变人民思想，单一使用武力强制统治的王朝最后都走向了覆灭。在西晋时期，武力是维护国家安全、抗击外敌侵犯的主要手段，文化和武力是相辅相成的。

和平思想根植于中华民族的精神文化中。天人之和、身体之和、人伦之和、社会秩序之和、协和万邦是和平思想的主要内容。和平思想不仅是我国处理国家和民族之间关系的基本原则，也代表了我国人民爱好和平、以和为贵的民族精神。儒家文化是中国传统文化的核心部分。“以和为贵”是儒家文化的核心思想。“和”是人们为人处世的基本原则，也是人们不断追求的最终目标。“不争”“无为”“天之道，不争而善胜”“夫唯不争，故天下莫能与之争”是道家的主要思想内容。“兼爱”“非攻”是墨家的主要思想内容。“不战而屈人之兵”是兵家的核心思想。中华武术一直以来都追求在和平中谋求发展、寻求进步，提倡和谐共处、稳定发展。

2. 中华武术对“合”的追求

“天人合一”“知行合一”“形神合一”“阴阳合一”是中华武术追求“合”的重要目标，是中国传统哲学思想的具体表现。“天人合一”的思想影响了中华武术的发展，赋予了中华武术深刻的文化内涵。人类对大自然的向往和崇拜是“天人合一”思想出现的主要原因。我国古代是农耕社会，人们日出而作、日落而息，对土地的依赖和自给自足的生活方式造就了我国人民重安稳、尚和平的性格。中华武术的价值取向取决于民族性格。武术的作用是防身自卫和强身健体，武术的养生理论体现出了人与自然的和平共处。为了保证生命的延续，人们必须遵循大自然的规律，谋求与自然和谐发展。在中国传统哲学思想中，“天”代表万物，有崇高的地位。人类必须遵循大自然的规律才能正常发展。人类对自然的追求和探寻是“天人合一”思想的具体表现形式。

“知行合一”是中国传统哲学中的重要观点，促进了中华武术的发展和传承。“知行合一”中的“知”代表知识，“行”代表行为，知识和行为的结合是解决矛盾的重要方式。以现代的观点解读，“知行合一”就是理论和实践相结合的发展方式。古代习武者掌握了武术理论和动作后，都会去寻找实践对象，以深化对武术理论和动作的理解，从而掌握武术技巧。“知行合一”对中华武术的发展产生了显著影响，保证了中华武术的传承。

“形神合一”是中华武术的基本组成部分。“形”是指人的身体和动作，“神”是指人的精神和思想。“形神合一”倡导人的动作和思想要合二为一、相互协调。武术行为是传播武术文化的载体，包含了中华民族的传统文化，具有浓烈的东方特色。

最能体现中华武术精髓的学说是“阴阳合一”。“阴阳”是中国传统哲学理论中的重要范畴，解释了不同属性事物对立转化的过程。阴阳的特点有互相依存、互相协调、互相转化、互相制约、相互独立、自成整体。“阴阳合一”的思想影响了中华武术的发展，中华武术中的对抗技巧讲究刚柔并济、虚实互补、攻守兼备、动静结合。

3. 中华武术对“养”的追求

我国古代文明属于农耕文明，具有上千年的发展历史。中国人对“养”的最终目标是“太平盛世”。“养护身体”“修身养性”“养家糊口”是中国人追求“养”的具体表现形式。通过修习武术，人们可以增强体质、满足生存需求，达到“养护身体”的目的；通过修习武术，人们可以陶冶情操、端正思想、排解不良情绪，达到“修身养性”的目的；通过修习武术，人们可以将武术作为谋生的手段，获取生存资源，保证家庭的长期发展，达到“养家糊口”的目的。“生”是“养”的基础，“养”是“生”的深层次体现；“生”是人类的基本需求，“养”是人类的高层次需求。在中国传统文化中，“生”代表了对生命的尊重，“养”代表了对生命的追求。

从内容形式来讲，中华武术属于体育项目的一种；从精神思想来讲，中华武术的精神层次高于体育。中华武术不仅具备体育的健身、娱乐、竞技等特点，还包含文化价值和社会思想。中华武术的中心思想是“运动养生文化”，包含中国的儒家思想、道家思想等，“以人为本”是中华武术的核心，尊重生命、注重人与自然和谐共处是中华武术的基本原则。

4. 中华武术对“生”的追求

“养生”一直是中国人的追求。中华武术对“生”的追求决定了中华武术对“养”的追求。生命、生产、生活、生存、求生、谋生等是“生”的主要内容。这些内容和中华武术之间存在着联系。人类的基本追求是对“生”的追求，这种追求赋予了中华武术极大的现实价值，使其成为满足人类生产需求的重要工具。

远古时期，为了保证生命的延续，原始祖先发明了武术。后来武术成为他们对抗自然、征服自然，满足生存需求的主要方式。借助武术，他们可以获取食物、收集生存资源、扩大生存范围、改善生活环境。随着人类社会的发展，人类族群之间开始出现战争。武力成为不同族群之间争斗的方式，也成为胜利者最大的倚仗。强大的武力保证了战争的胜利，胜利者可以得到失败者的生存资源、生活环境等。在当时，族群提高战斗力的方式就是进行武术训练。由此可见，武术贯穿了中国社会的发展过程，成为人们安身立命、谋求生存的重要手段。

在宋代，习武者可以通过武举进入官场；在清朝，习武者可以成为达官显贵的保镖、镖局的镖头或镖师；在近代，习武者可以成为教会、帮派的武术教练和馆社组织的保护者。这些都是武术为人类提供的生存手段。

人类对“生”的追求是人类不断发展的推动力。生存的欲望决定了人类的发展方向。征服野兽、征服自然、征服敌人，都体现了人类延续生命、保证发展的愿望。生产、生活、生存、谋生、求生都可以通过武术来实现。武术可以满足人类对生存的渴望，为人类生存创造有利条件，满足人类的基本需要，从而推动人类历史的发展。

第三节　中华武术文化形态与国际化发展

一、中华武术文化基本形态的构成

中华武术源远流长，博大精深，它随着中华五千年的产生而产生[①]，中华武术文化是中国传统文化的基本形态之一。其被称为“武术文化”，主要有三个方面的原因：首先，武术文化是中国传统文化的有机组成部分；其次，武术文化自成体系；最后，武术文化体系能全面反映中国传统文化的基本精神。武术文化体系反映中国传统文化的基本精神表现为五点：①反映刚健有为的进取精神；②反映伦理道德的人文精神；③反映排斥神学的民俗精神；④反映“天人合一”的崇尚自然的精神；⑤反映师徒血缘的宗法精神。这五种精神通过武术文化形态（武术本质、形式和功能的具体体现）逐步展现。

（一）攻防技击是中华武术文化形态的内核

中华武术文化形态的内核在于其攻防技击的本质，这一观点在学术界得到了广泛认同。攻防技击不仅是武术的基本特征，还是武术文化形态的根本所在。对于武术的理解，需要先理解“武”字的含义。在古今讲解汉字的书籍中，关于“武”字的解释众说纷纭，但以“止戈为武”解读为主流。然而，随着人们对武术认知的深入，人们对“武”字的解释也不断拓展。“武”字包含勇敢、示威、威武等含义。人们在考察甲骨文中的“武”字时，发现其最初表现为静态的“立足持戈”，后演变为动态的“持戈而行”，这一过程揭示了“止戈为武”的错误解读。因此，对“武”字的深入解读有助于人们理解中华武术文化的内涵。而“术”的概念进一步强调了中华武术的技艺与方法。“术”指技艺、技术、学术及方法、策略等，强调操作方面的技巧与手段。因此，中华武术不仅仅是单纯的攻防技击，更融合了技艺与方法的精髓。无论是与人斗还是与兽斗，合理的技艺、技巧、方式、方

---

① 乔吾：《中华武术文化的传承与发展》，《九江职业技术学院学报》2011 年第 3 期，第 90—92 页。

法是必不可少的，这样才能达到取得胜利，获得生存资源的目的。

中华武术的攻防技击特征是其独特文化形态的核心所在。在中华武术的实践中，攻防技击的转换表现为双方格斗的动态过程，该过程中既有进攻，也有防守，甚至有在防守中实施进攻，或者在进攻中兼顾防守。这种循环往复的过程不仅展示了中华武术的灵活性，也彰显了其独特的文化内涵，体现了武术的精髓。

古代兵器如弓箭和暗器在当时因具有强大的杀伤力而备受推崇。然而，随着时代的演变，今日的武术器械已不再包括这两种兵器，因为它们不符合中华武术攻防技击的本质特征。箭的射出只能进行进攻，而暗器的使用则使防守变得困难。因此，这两种兵器并未能跨越时空，成为现代武术的一部分。

攻防技击作为中华武术文化形态的内核，体现了其独特的文化特征与内涵。对于中华武术的研究与理解，我们需要从“武”与“术”的深入解读开始，进而审视其在实践中的表现与转化，这有助于揭示中华武术文化的真正内涵与价值。

（二）分类形式是中华武术文化形态的中层结构

中华武术的文化形态在分类形式中展现出丰富多样的特征，这些分类形式作为中华武术文化形态的中层结构，起着重要的组织和表达作用。以下将从武术流派、武术器械及武术运动形式三个方面对分类形式进行论述。

首先，武术的流派分类是其多样性的体现。武术流派指的是由不同的技术特点和风格形成的派别，涵盖了早期的少林派、武当派、峨眉派、南派与北派等，以及现代的竞技武术、学校武术、健身武术、实用武术等。这些流派的形成与地域、文化和个人经验息息相关，每一派都有其独特的技艺体系和理论体系。流派分类不仅在武术实践中具有指导作用，还为武术文化的传承和发展提供了多元的路径。

其次，武术器械的分类是中华武术文化形态的重要组成部分。武术器械涵盖了古代的“十八般武艺”以及现代的各类器械，如长器械、短器械、软器械和双器械等。这些器械的分类不仅考虑了其形态和用途，还考虑了其性能特点和实践需求，体现了武术器械发展的历史传承和现代创新，同时反映了人们对武术实用性和观赏性的不同需求和追求。

最后，武术运动形式的分类是中华武术文化形态的重要表现形式。武术运动形式包括套路运动、搏斗运动、功法运动等多种类别，每一类别又包括丰富的内容和项目。套路运动强调技术动作的完整性和连贯性，搏斗运动注重实践技能的应用和对抗性训练，功法运动强调内外兼修和身心合一的训练。这些运动形式的分类不仅反映了中华武术的多元化发展和实践需求，还为中华武术文化的传承和创新提供了多样化的选择。特别是功法运动的推出，使中华武术文化的特色更加突出，同时提升了武术运动的观赏性和娱乐性。

中华武术的分类形式作为其文化形态的中层结构，展现了其丰富多样的内涵和特征。不同分类形式在中华武术文化的传承和发展中发挥着各自的作用，共同构成了中华武术文化的多维结构和丰富内涵。

（三）独特功能是中华武术文化形态的外表

中华武术作为一种传统文化形态，其独特功能在不同历史阶段表现出多样性与变迁性的特征。以下将从中华武术的技击自卫功能、养生健身功能、竞技比赛功能、表演娱乐功能、武德教育功能及文化经济功能六个方面进行探讨，以揭示中华武术的外在表现形式在中华武术文化形态中的重要性。

第一，中华武术的技击自卫功能在其功能体系中占据着重要地位。虽然在古代，武术的主要功能是技击自卫，但其并非简单的厮杀，而是受武德制约的，强调尺度与道德的平衡。这种功能体现了武术作为一种武德传承的文化形态，注重的不仅是技术动作的应用，还有内在精神的培养与提升。

第二，现代社会人们对中华武术的养生健身功能更加重视。武术不仅仅是一种锻炼身体的方式，更是一种内外兼修的修行方法。其内功训练涵盖身体的力量、柔韧性、耐力等方面，外功训练则注重身体的动作、技巧、姿势等方面。通过练习武术，人们能够保持健康的身体和平衡的心态，达到身心合一的境界。

第三，中华武术在竞技比赛中发挥着独特功能。虽然竞技比赛只是武术功能的一小部分，但在竞技比赛中，武者能够展现自己的技术水平和战斗力，同时为观众带来视觉上的享受。这种功能有助于激发观众对中华武术的兴趣，促进中华武术文化的传承和发展。

第四，中华武术作为一种表演娱乐形式具有独特的表演娱乐功能。武术表演不仅能够展示出武者的技术水平，还能够吸引观众的注意力，使观众产生愉悦感。凭借表演娱乐功能，中华武术文化得以传播和推广，被更多的人了解和接触。

第五，中华武术作为一种武德教育形式具有独特的武德教育功能。武术不仅提高了武者的身体素质，更重要的是培养了他们的品德和修养。通过学习武术，武者能够养成坚韧不拔、自律尊重、团结合作等品质，这些都是中华武术文化的核心价值。

第六，近年来中华武术的文化经济功能得到了明显提升。中华武术产业的发展不仅促进了相关产业的增长，还为社会经济的发展作出了积极贡献。中华武术作为一种文化形态，具有丰富的市场潜力和经济价值，在全球范围内受到了广泛关注和认可。

中华武术作为一种传统文化形态，虽然在不同历史阶段表现出了多样性与变迁性，但无论功能如何变迁，其攻防技击的本质是不会发生改变的。这种功能的多样性不仅体现了中华武术文化的丰富内涵，还为中华武术的传承和发展提供了重要保障和动力。

二、中华武术文化的国际化发展

日本的柔道与韩国的跆拳道在一定程度上反映了中华武术对它们的影响，而现代武术文化的国际化发展主要以争取成为奥林匹克运动会（简称奥运会）项目为主要目标。从 20 世纪 80 年代开始，对外发展中华武术文化的四个标志是成立亚洲武术协会、组织世界武术锦标赛、中国武术代表团开展海外表演，以及国外武术组织的涌现；20 世纪 90 年代，正式提出将武术纳入奥运会的设想表现在国际武术联合会的成立、世界性武术大赛的举办，以及国际武术竞技套路的推广；21 世纪初，我国实现了申奥的既定目标，这为武术提供了机遇，标志包括成功申奥、加强对中国武术的宣传力度、领导阶层直接参与外联工作，以及对入奥项目的策划和研究。

在奥运会之后，竞技武术将采用“三轨制”：①为进入奥运会而设的赛制；②开拓竞技市场的职业赛制；③全面展示与奥运会相匹的武术运动会赛制。这样一来，无论武术是否能进入奥运会，竞技武术的赛制都将逐步完善。另外，武术产业化趋势日益明显，在市场经济条件下，中华武术必须注重经济效益，“以武养武”不再是空话，而是具体实践。市场规律要求武术加速市场化进程，逐步建立开放的产业开发体系。中国武术协会应与拥有现代经营理念、雄厚经济实力的企业集团合作，成立武术产业发展公司，以组织武术比赛、进行人才培训、进行用品开发，以及宣传、运作和拓展武术文化市场。这些举措将有利于构建武术产业发展的新格局，为武术产业的长期发展奠定良好基础。

中华武术文化的国际化发展可以采取以下两项重要措施。

（一）以武术塑造“中国形象”

武术作为中国独特的文化遗产，在国际文化交流中扮演着重要角色，具有塑造“中国形象”的作用。塑造“中国形象”不仅要从民族化的角度来审视，还要从国际化的角度进行深刻思考。

从民族化的角度来看，中华武术文化承载着中国传统文化的多重基因，包括哲学观念、价值取向、审美情感等，体现了中国人在多个领域的思考和表达。武术作为一种体育活动，不仅反映了中国人在身体锻炼和防身技击上的需求，还是内外兼修的修行方式，融入了中国传统文化的精髓。在不同文化形态中，武术展现出了游牧文化、农耕文化、商业文化等背景下的特色，体现了中国人思维方式和生活方式的独特性。在国际舞台上，中华武术作为一种文化符号，可以展现中国人的自信与骄傲，同时向世界展示中国的文化底蕴和精神风貌。

随着经济全球化进程的加速，中华武术文化的国际化发展变得日益重要。近年来，中国在武术推广方面取得了显著成就，通过各种渠道向世界展示了武术的魅力。许多国外学习武术的人被它深深吸引，他们学习武术不仅是为了掌握技击技术，更是为了体验中华优秀传统文化中的哲学和人文精神。这种跨文化的交流与融合使得中华武术文化在国际舞台上日益受到关注和认可。美国、欧洲等地区的人们开始学习中华武术，深入研究其中蕴含的哲理与历史渊源，这不仅是对中国文化的尊重，也是世界文化多样性的体现。中华武术文化的传播与推广成为一种世界潮流，有助于增进各国人民之间的相互了解与友好交往。

（二）向海外实施中国武术段位制

中国武术协会实施的中国武术段位制旨在普及武术，满足全民健身的需求，是中华武术文化国际化发展的重要举措之一。该制度的实施已有十余年的历史，并取得了良好的效果。随着国际化进程的加快，为了保持中国武术段位制的国际标准，中国武术协会制定了针对海外的管理办法，以确保武术段位制在全球范围内的统一和规范。这些举措体现了中国对于传播中华武术文化的重视，并试图通过制度化和标准化的措施，使中华武术文化更好地走向世界。

首先，中国武术协会强调充分发挥各国武术组织的作用。当前，已有多个国家和地区的武术组织加入了国际武术联合会，这些组织在国际武术活动中发挥着重要作用。要想推广中国武术段位制，需要依托这些组织的力量，将其作为推动中华武术国际化发展的关键力量。然而，需要注意的是，并非所有武术组织都能充分代表其所在国家或地区的整个武术界，这可能会影响到中华武术文化在全球范围内的传播和普及。因此，需要加强对各国武术组织的指导和支持，确保其在推广中国武术段位制方面发挥积极作用。

其次，中国武术协会提倡选派武术专家和评委进行巡回指导。这意味着中国武术协会将积极协调和支持各国武术组织开展武术段位制的技术培训和评审员培训工作，以确保培训人员充分了解中国武术段位制的相关规定。同时，中国武术协会还将向涉外培训机构提供必要的技术、教材和软件支持，并协助进行远程培训。此外，中国武术协会还计划将武术赛事与中国武术段位制宣传呈现在深受国际奥林匹克委员会重视的电视上，以扩大中华武术文化的影响力和知名度。

最后，中国武术协会致力于推进《国际武术联合会武术段位制草案》的出台。这一草案基于中国实施武术段位制的成功经验，并考虑了国际武术发展的实际情况，旨在为世界各国武术爱好者提供参与武术段位制考试和晋升武术段位等级的机会。通过制定统一的国际标准，不同国家和地区的武术文化可以更好地交流和互动，从而促使中华武术文化在全球范围内得到普及和发展。

向海外实施中国武术段位制是中华武术文化国际化发展的重要举措，有助于推广中华武术文化，提升中国的国际形象。然而，要实现这一目标，需要充分发挥各国武术组织的作用，加强对武术专家和评委的培训与指导，同时推进国际标准的制定。通过这些努力，中华武术文化将传播到世界各地，为人类健康与社会发展作出贡献。

第二章　中华武术文化内涵的多维审视

中华武术是中华民族的文化瑰宝，值得我们从多个维度深入审视。首先，中华武术中往往蕴含着深刻的哲学思想，传统哲学的融入使得中华武术不仅能强身健体，还能启迪智慧。其次，中华武术的每一个招式、每一个步伐，都经过精心设计与编排，拥有极强的艺术美感，体现了中华武术与古典美学的完美融合。再次，中华武术与传统医学渊源颇深，武术练习不仅能够提升身体素质，还能有效预防和治疗某些疾病。最后，中华武术与杂技、戏曲等艺术形式联系紧密，拥有独特的艺术魅力。

第一节　中华武术与传统哲学

中国传统哲学是中国传统文化的重要组成部分，它上至天理下及人伦，极大地影响着中华民族的生活方式、行为方式和价值观念。中华武术在形成和发展过程中，深受传统哲学思想的影响，在春秋战国时期武术家便以哲理来阐释剑法。道家的庄子谈到剑术时，寓哲理于剑法之中，深入浅出地揭示了剑道和哲学相通的道理。武术作为一种文化现象，它的形成和发展，受到民族传统文化特性的影响与制约，从现代文化学的观点看，中国古典哲学不仅为武术文化提供了核心的理论基础，还间接地决定了武术练功方法、动作、造型和套路的各种具体形态和模式。[①] 中华武术与传统哲学的结合，不仅造就了中华武术独特的技击方法，而且极大地丰富了中华武术文化的内涵。

一、中华武术与《易经》

虽然中华武术各拳种流派以不同哲学思想阐述拳理，但它们有一个共同之处，即均以阴与阳、刚与柔、虚与实、动与静的变化关系来阐释拳法，这种认识方法显然与《易经》一脉相承。《易经》是华夏先民在建设中华民族古代文明漫长岁月中集体智慧的沉淀，也是中国最早一部以占卜形式阐述思想的哲学著作。例如，中国具有代表性、互补性的两大思想学派之一的儒家就以乾卦为首卦，乾卦象征天、主动、性刚健，因此儒家学派崇尚以进取为主。道家则以坤卦为首卦，坤卦象征地、主静、性柔顺，因此道家发展了以守静为核心的哲学。

《易经》最大的特点是将天、地、人视作一个整体，构造了一个巨大的宇宙动态模式，而这个模式的核心则是“易”。易即“变通”之意，但是《易经》对这一模式没有进行理性分析，而是使用高度抽象的阴阳符号及每个符号代表的变通形式、变通结果和一些隐喻性的句子来显示宇宙变通的一般规律。在《易经》中，变通的基因是阴阳，而刚与柔、动与静、虚与实等则是阴阳的具体映象。后来《易传》对《易经》做了结构性的解释，明确指出“一阴一阳之谓道”，说明阴阳互相交感、相互作用是宇宙的根本规律，万物的生成、消亡无一不是阴阳搏击和变化的结果。

① 白天寅、刘国忠：《试论武术文化的哲学基础》，《中国科技信息》2006 年第 2 期，第 170 页。

在大多数人的理解中，明亮的、积极的事物属于阳，而阴暗的、消极的事物属于阴。但阴阳对立统一的属性又告诉人们这不是绝对的，它们彼此促进、彼此转化。阴阳的运动有对立统一、彼此消长、相互转化的特体。

《易经》的思维方法和阴阳观对武术的理论和技法影响极大。不少武术家在阐释和指导拳法原理、技术的同时往往加入了对阴阳运动特性的理解。任何一个武术动作中都少不了两种因素的对立，要想牢牢地把握住武术练习的主动权，关键是要把握好阴阳转化、消长的最好时机。

武术的刚柔说正是受《易经》的启发而来。在《易经》中，阴阳、刚柔分别是对天道地道的隐示，对此，《易传》也有过明确解释："立天之道，曰阴与阳；立地之道，曰柔与刚。"根据这个理解，虽然刚柔代表的地道比阴阳低一层概念，但要知道地道是天道的进一步演化，从这个角度而言，刚柔的本质也是阴阳。同样的道理，在武术拳法中，正是由于刚柔成分的不断变化，才使得拳法能够不断地进行演化。

武术的刚柔以劲力为体，任何一个习武者都要认识到，武术的柔并不是没有力气的疲软，而是防守，即顺来势走化，借机将来势引导到有利于自己而不利于对方的方位，化彼劲为我劲，使对方攻击不到自己又不好退回。当柔达到极点，对方已经没有机会翻身取胜之时，再选定一个合适的角度，对准位置去攻打对方的薄弱之处，快速出击、出其不意，就是无坚不摧的刚。柔的走化不是退缩，不是只知道防守，它更多的是在为进攻对方做铺垫。武术的劲力没有绝对的柔刚之分，二者往往是互为补充、互为转化的。

二、中华武术与道家

（一）自然无为

道家主张"人法地，地法天，天法道，道法自然"。这里所谈到的"自然"有两层含义：①不受人力控制，任其自然地发展；②道本身具有自然真实、毫不造作的本性。老子曾指出"道常无为而无不为"。这里的"无为"是要让凡事都按照它的自然本性发展，不刻意去改变，让事物顺其自然。

习武者十分重视自然无为在拳法中的作用。自然无为主要针对精神（意识）方面而言，精神与形体相对，但精神（意识）既可抑制、束缚形体运动，又可促进、解放形体运动。精神上自然无为，心理无任何人为障碍，肌体才能获得彻底解放，武术技艺才能得到正常发挥，进入“拳无拳，意无意，无意之中是真意”的“无为而无不为”的至高境界。

（二）道性柔弱

老子常用水来比喻道，道家贵柔、柔可胜刚的思想对太极拳影响极大。太极拳家认为，柔劲虽比刚劲小，但其势圆转柔活，绵延不断，而且善于变化。刚劲虽大虽猛，但势直拳快，缺乏变化，一发即逝，逝后出现新力未生的空隙，容易被对方乘虚而击。

习武者受道家庄子所提出的“天地与我并生，而万物与我为一”的思想影响也很深。天地万物包括人的精神，它们看起来自生自化，实际上一直贯穿着道的思想。由于道的作用并不是外显的，因此人们很难直接感知到，只能通过事物发展的因果，经由人的道德修养去感悟。在这个过程中往往就能实现人的精神与天地精神合而为一。为了“独与天地精神往来”，庄子提出了“坐忘”修炼法，“坐忘”实际上是一种内功修炼法，所谓“坐忘”，就是忘心、忘利、忘形，以此突破形体的限制，消除感情和欲望的困扰，摆脱任何内在或外在的支配感、压迫感，保持内心虚静。一个真正的武术高人，一定是内外兼修的，只有武术动作与精神双重提高，才能形真意切，达到与天地精神合而为一的至高境界。

（三）道性虚静

习武者崇尚虚静也是吸取了道家虚静观的精神思想，因此他们在进行内功修炼时都要保持高度虚静的状态。只有内心虚静，摒弃一切杂念，才能全神贯注地以意导气，让真气注贯全身，达到心身合一、形神合一的境界。太极拳对虚静的要求很高。太极拳擅用“听劲”，听劲即用自己的身体、意念、直觉感受对方的攻防意向，而后采用相应战术。保持内心虚静，将意念集中于一体是听劲必备的心理条件。

三、中华武术与儒家

儒家思想重视伦理道德，其倡导的“仁”“义”对中华武术文化的影响尤其明显。儒家的思想结构主要由“礼”“仁”“义”组成。“礼”是一种社会行为的规范，它体现在一个人的行为习惯中、一个地区的风俗文化中、一个社会的政治秩序中。一个人如果不遵守礼法，将很难在社会中立足。受“礼”的熏染，习武者也讲究“礼”。例如，春秋战国时期因受周礼的影响而盛行“礼射”，礼射是产生于西周的射箭制度，用以考察射箭者的“德行”。这种射箭制度也有等级，依次是大射、宾射、燕射、乡射。

习武者还讲究威武有礼，即在比武或格斗前，先行一个“抱拳礼”。抱拳礼左手四指并拢，表示四海习武者同道，屈指表示自谦。右手为拳，喻示以武会友。两拳相抱成团，表示天下拳术是一家。武林班辈制也和礼有关。所谓班辈制，即武术界师承传递的辈分依据。班辈一般由某一门派祖师订立，弟子投师拜帖后，必须恪守排辈长幼之分。谒见长辈时，必须先行叩头礼，后垂手站立一旁，遵听师命。否则，同门不予以承认。

“礼”只是儒家思想的表层结构，“仁”才是它的思想核心。“仁”的核心是爱人，爱人从孝悌、亲亲开始，以亲亲为大。亲亲是具有相同血缘关系的父子兄弟，然后推己及人，亲近、爱护周围的人。对周围的人，要“忠于君、信于友、恕于人”。爱人就是站在别人的角度换位思考。孔子主张以仁为主，仁体现了人的高贵品德，是本性之美，也是最高的道德标准。“仁”在武术伦理中占有重要地位。习武者以仁待人，就是以武相搏时也不忘手下留情，施仁与人。例如，习武者有“八打”“八不打”的说法，“八打”指习武者主要打人的有效部位，“八不打”则是不打人体的致命部位。孔子的礼和仁是不可分割的，仁是礼的内容，礼是仁的形式，两者必须互相结合、表里如一。

孔子还把“义”作为衡量人的内心、言行是否合乎仁和礼的准绳。孔子认为，君子遵从礼义，而小人注重眼前利益，忽视道德标准。在武术伦理中，侠是义的化身，侠以义为上，习武者要路见不平，拔刀相助。为了义，纵使肝脑涂地、舍弃生命也在所不惜。此外，在儒家思想里，还有一种和义有关的行为是“信”。信和义不可分割，人不讲信义就是不仁不义。

总之，仁、礼、义、信是善的同义词，合乎仁、礼、义、信就是真善美。在中国历史上，在仁、礼、义、信思想的激励下，武林中曾涌现出许多行侠仗义的英雄好汉，尤其是在民间，这样的英雄好汉数不胜数。我国古代儒家学派所强调的“仁爱”“六艺”“君子”等文化以及“文武双全”“仁勇兼备”等思想被古代武术家纳入了道德伦理的范畴，后逐渐发展成为武术界推崇的武德。其中“六艺”包括礼、乐、射、御、书、数，内容多数与武术相关。有武有德意味着武术不仅是武术，在儒家思想的影响下武术的发展更加多元，其被赋予了一层深厚的文化内涵。

四、中华武术与“天人合一”“阴阳五行”

（一）内外兼修的整体观

武术发力的时候需遵循“以意导气，以气促力”的原则以及秉持内心修炼和外部肢体训练同时兼顾的大局观，精气神与力量的结合是武术异于其他功法的特点，几乎所有的武术流派都秉持“形神合一”“内外兼修”的修炼原则。

（二）顺应自然的和谐观

人类在千百年的发展过程中已经找到顺应自然的法则并形成了一套科学的生存理论体系。春生、夏长、秋收、冬藏，了解季节气候变化，顺应四时轮换规律，才能在武术修习上更进一层。“人法地，地法天，天法道，道法自然。”这一法则直接影响了中华武术在季节轮转、阴阳五行和人类身体各部分组织机能中的相互配合。比如，“少林八卦五行功”就是顺应季节轮转和身体器官的变化，分别进行走功、站功、坐功、卧功的练习。又如，“朝练寅、夕练酉”，意思就是每天凌晨三点到五点和傍晚五点到七点进行武术内功的训练。

形意拳根据五行理论创造出劈、崩、钻、炮、横五种拳法。将自然界各种动物的狩猎防卫形象以及它们的外观和极具特征的动作与武术技法融会贯通放进拳术技巧中，即“形物之形，悟物之意”，从宇宙的一切物类中寻找规律获得启发，就是顺应自然的和谐观。

（三）人际和谐的道德观

“天人合一”顾名思义就是天地与我并生，万物与我为一，这种观念包括人与人、人与自然、人与社会和谐相处、互惠共生的理想。武术中的“天人合一”体现的是人与人之间的和谐相处，习武者讲究以礼相待，由抱拳礼也可看出这种特点。武术各门派、各种拳理都有关于人际和谐的明文规定，尊师重道、惩恶扬善等“礼”“义”道德方面的约束是传承中华武术的基础。

（四）拳道合一的修炼观

中华武术文化的展现主要以身体为承载物，因此也可称为人体文化之一。武术不是用文字、语言来表现的，而是依靠套路技巧来展现的。在练习武术的过程中，习武者需要实现从动作到精神的层次跨越，进而感悟生命、认识自我。中华武术一直从中国古典哲学、民族文化中汲取养分，这使得武术成为一种悟道工具。

习武者应不断寻求内心、认识自我，实现从“以自我为中心”到“忘我”境界的突破。与之相应，习练武术的最高境界，其实就是以武演道、由武入道。所以，“以武入哲”“拳道合一”成为武术修炼者不懈的追求[①]。

武术不仅是一项竞技运动，还是一种修炼人生、立定本我的途径。中华武术植根于中国传统文化，具有独特的艺术价值和魅力。再加上“天人合一”思想的影响，中华武术同时富含养生理念，更加注重内在修养的提升，这也体现出武术的“泛和谐价值观”，若是长时间练习武术，习武者将体会到中国传统文化的魅力和价值。

阴阳变化、五行相生相克也是中华武术拳理的理论基础。中华武术还将阴阳互根、阴阳消长、阴阳转化作为武术技法的基本原理来解释拳技理法。这种阴阳之道作为武术运动的规律体现在很多拳种上，如八卦掌、形意拳、太极拳、少林拳、华拳等。阴阳、五行观念是中国传统哲学的重要范畴，忘记阴阳和不涉及五行，就无法真正描绘中华武术的特质。

五、中华武术与其他哲学思想

（一）中华武术与顺应自然

由于特殊的自然条件和地理位置，我国古人一直对自然有着敬畏之心，人们根据自然变化规律来安排日常的劳作与生活，逐渐形成了顺应自然的传统哲学文化。

中华武术在形成和发展的过程中，也积极地从自然中汲取发展经验。以太极拳为例，它结合了水的特性。太极拳的动作柔和缓慢，平静的水流也是缓慢柔和的，它们的“柔”与“静”有相似之处。太极拳的发力迅猛快疾，水流急促处也是一泻千里。太极拳讲究刚柔并济、以柔克刚、顺势借力，这与水的至柔至刚、至静至动、因势赋形也有异曲同工之妙。太极拳行拳连贯，如行云流水，和水的川流不息相似。这个例子表明，古代的武术家在传统哲学顺应自然的影响下，逐渐形成了崇尚自然的认知方式，在武术技能的练习中，不断寻求与自然的和谐统一，追求“天人合一”的至高境界。

（二）中华武术与知行合一

中国传统哲学中的认识论是与本体论交融在一起的。传统的认识论带有很大

① 司红玉、韩爱芳、张国明：《武术》，重庆大学出版社，2017。

的直观性，不了解认识对于社会实践的依赖性，这是古代中外哲学家的共同缺陷。中华武术在练习中着眼于切合实用，一招一式都强调实践性与基本功，因此“知行合一”这种思想指导和影响着中华武术的形成和发展。

（三）中华武术与和合文化

和合文化追求的是一种人与人之间、人与自然之间、人与社会之间要相互了解、相互尊重、相互宽容，讲究要善待自己和他人、善待自然、善待社会的哲学理念。这种理念在一定程度上影响着古代人们的思维方式和实践活动。中华武术在形成和发展的过程中也受到和合文化的影响，武术中的攻守兼备、刚柔并济、虚实相生、快慢有序、有起有伏等，无不体现着这种理念。和合文化对中华武术的形成和发展带来了非常深刻的影响。

（四）中华武术与创新精神

在中国传统哲学中，创新是一个重要精神。中华文明能够持续五千多年的历史而不间断，很大程度上是因为其不断创新。四大发明就可以充分体现我国传统哲学中的创新精神。

对于中华武术来说，创新也是其发展的源泉，中华武术从最初的几个拳种发展到今天的上百个拳种，形成了丰富的拳种体系。同时，中华武术具有融会贯通的本领，各个拳种和门派之间相互借鉴和学习，不断丰富自己的武术打法和内涵。正是因为这种不断创新和融合的发展理念，中华武术才得以在历史的舞台上不断发展和完善。

第二节　中华武术与古典美学

一、我国古典美学特质的表现

“中华武术文化是我国传统文化的核心内容，是千百年来大众生活方式、价值理念和行为规范的缩影。”[①] 美学是研究人与现实审美关系的一门学科，主要包括通过研究审美对象和审美意识来认知美的本质、美的根源、美的各种存在形

① 张凌霜：《文化自信视角下的中华武术文化传承策略研究》，《运动精品》2020 年第 6 期，第 49 页。

态；通过研究审美关系来了解审美对象和审美意识的本质特征、相互关系等。我国古典美学具有丰厚的文化底蕴，在发展演变过程中呈现出生生不息的生命力。

在我国古代，人们更多的是通过对“道”“气”“妙”的探讨来反映美的本质。与西方美学思想相比，中国古代美学思想更强调宇宙本身的意蕴和人的精神境界。例如，“比德说”，即通过从不同角度进行联想和想象，把自然人格化、道德化，把人的特性客观化、自然化，并据此找出自然事物与人的相似之处。中国古代的美学思想认为美的本质是自然。这里的自然是指符合事物的规律，即中国传统哲学中的“道”。“合乎自然的即为美，反之则为丑”的审美标准不仅适用于天地万物，还适用于人类社会。

天地万物及人类都是阴阳二气交感而生的，万物的发生、发展、变化都是无目的而合目的的，因而美在生命中。这种美的理想境界是“和”，因为在“和”的状态下，生命能得到理想的发展。以“和”为美是中国美学一个极为重要又古老的思想。我国古典美学的特质主要表现在以下几方面。

（一）中和之美

中和之美是中华民族审美思维的显著特色。中和思想本指中正、平和，后引申为一种符合中庸之道的道德修养原则。从儒家思想的角度来看，中和是最高的审美标准。儒家认为只要人的道德修养能达到致中的境界，那么天地万物均能各得其所，达到和谐的境界。

（二）和善之美

和善之美是道德内容与艺术形式的和谐统一。所谓“和善”是指和谐的形式与仁善的内容的有机统一。和是一种外在美，意在协调；善是一种内在美，意在仁德。儒家思想认为，尽善尽美、至善至美是我国古典美学的最高境界。

（三）和合之美

中华“和合文化”源远流长，早在先秦时期，和、合二字就已经存在了。其中，“和”有和平、和谐、祥和之意；“合”有融合、结合、合作之意。在传统美学意义上，“和合之美”的审美观要求审美主体从整体上观察客体。只有在整体上能够体现出和谐协调的客体，才是美的。① 和合之美的审美观要求客体与周边的自然、社会环境以及客体内部各部分之间的关系都能够和谐协调。例如，在将和合之美

① 王国成：《传统武术文化传承与发展研究》，华文出版社，2017。

应用于艺术设计时，设计者必须重视设计的整体效果，尤其要注意设计作品内部各个构成要素之间的协调统一，以及设计作品与周围环境的协调统一。

（四）协调之美

协调之美是我国古典美学的一贯主张。协调一词原本出自中国古代道家的“无为”和儒家的“中庸”，并逐渐演变为和谐一致、配合得当之意。儒家强调“人和”即社会美，道家强调“天和”即自然美，佛家强调“心和”即心灵美。可见，和谐协调是一切美好事物的共同特征。

二、古典美学对中华武术的影响

中华民族的灿烂文化已延续了几千年，这使得中华儿女具备了丰富的美学思想和审美体验。古典美学追求传神的境界，并把“形”作为写神或取韵的物质基础，强调形神的高度统一。中华武术在悠久的发展历史中，不断吸收中华民族的优秀传统文化，融汇古典美学的独特神韵，最终形成了独特的艺术内涵。同时，中华武术作为一项体育运动，也聚合了体育与艺术的精华，显示出超越“体育”的艺术魅力。

中华武术的基本审美特征和表现方式也是其理论体系的一个重要方面。美的展示是不同美的要素综合作用的结果，虽然中华武术具有独特的审美价值，但其美学特点并不是孤立的，而是建立在中华民族传统文化基础之上的，是一种集运动美与修养美于一身的特殊美学表现形式。

中华武术的美兼容了局部美和整体美，它无处不在，是民族文化和运动形式美的统一。中华武术在美学的表现形式上，可分为内在美和外在美两种。这种内外兼顾来表现内在美与外在美的独特形式，既体现了一个民族过去和现在的文化渊源，也总结和概括了中华民族的审美特征。

中华武术既有健身自卫的实用价值，又有绚丽多姿的表现形式，能给人美的享受，使人赏心悦目，激发美的情感。这是中华武术能够发展至今的重要原因。中华武术充满了中华民族特有的民族气质、民族心理、民族美感和民族精神。

第三节　中华武术与中医学

中医学作为一门广博深奥的学科，对中华武术理论和技术的形成与发展产生了深远的影响。然而，这种影响并不是单向的。武术与中医学有着一致的方法论基础以及相同的人体文化性质，这决定了它们之间相互渗透的特征。中华武术与中医学之间存在着密切的联系，二者相辅相成。自古以来，中华武术与中医学就相互影响、相互促进、共同发展，这种关系至今仍然存在。

一、中医学对中华武术的影响

（一）中医学对中华武术的内功训练具有指导意义

“武术是一种借助肢体语言表述中华文化的特殊方法，根植于民族发展脉络，附着文化精髓，蕴含历史烙印，具有民族性与传统性的特征。”[①] 中华武术内功训练十分重要，其内涵和训练方法深受中医学“精气神学说”的影响。中医将“精、气、神”视为人体的三大宝藏，强调它们之间的密切联系与互动。这一理论不仅贯穿中医养生理论，还深刻影响了中华武术的内功训练。

第一，中医学对“精气神”的理解为中华武术内功训练提供了基本框架。中医学认为，“精”来源于气，气又化生于精，二者相互依存、相互转化，而精气的生成与运行同人体的生命活动息息相关。“神”则是精气活动的最高表现，是人体精气的终极归宿，直接影响人的思维、情感和意志活动。这种“精气神学说”不仅深刻揭示了人体生命活动的本质，还为中华武术的内功训练提供了理论支撑。

第二，中医学的“精气神学说”对于中华武术内功训练方法的指导具有重要意义。中医学强调，通过调节呼吸、姿势和意念，人可以调动体内的气血精神，促进身心的和谐统一。这与中华武术内功训练的核心理念密切相关。在武术的桩功练习中，通过调整呼吸、保持正确的姿势和集中意念，习武者可以达到调节精气神的目的，从而增强身体的内在力量和稳定性。

第三，中医学的养生吐纳之法为中华武术的内功训练提供了重要启示。中医学强调通过呼吸来调节身体的阴阳平衡，以促进气血的运行和精神状态的提升。

---

① 姬晶晶：《中华武术文化价值理念与传播路径探析》，《拳击与格斗》2022 年第 6 期，第 19—21 页。

而在中华武术内功训练中，呼吸的调控同样至关重要。例如，在桩功练习中，通过深吸浅呼、缓慢有节奏地呼吸，可以帮助习武者调整体内的气机，提升身体的内在力量和耐力。

中医学的“精气神学说”为中华武术的内功训练提供了重要的理论支撑和方法指导。其强调精气神的统一运动与中华武术内功训练的核心理念相契合，通过调节呼吸、姿势和意念，调动体内的气血精神，促进身心健康和提升内在力量。因此，中医学对中华武术内功训练的指导意义不可忽视，其理论和方法对于提高习武者武术水平和促进其身心健康具有重要意义。

（二）有助于丰富中华武术技击理论体系，提升攻击能力

中医学的理论对中华武术的技击理论体系有着深远的指导意义，尤其是经络学说为武术的点穴法提供了重要的理论基础。经络学说是中医学中的重要理论之一，其认为人体内存在着气血循环的路径，即经络。这些经络贯穿全身，连接着脏腑和四肢，是人体生命活动的必要通道。人体的经络系统包括十二经脉和奇经八脉，以及经外奇穴等。在经脉的行经处，遍布着穴位，也称为腧穴，是气血输注出入处。刺激穴位可以调节经脉的气血运行，达到治疗疾病和调节身体功能的目的。

在中华武术中，点穴法便是应用了经络学说的一种技击手段。点穴法既可以用于防身自卫，又可以用于战场上的实践技击。习武者通过对人体经络和穴位的深入研究，掌握了许多点穴法的技巧和精髓。例如，点中特定穴位可以使对手瘫痪或昏厥，从而迅速制服对手。据古代典籍和历史记载，许多习武者都能够娴熟地运用点穴法，以其准确无误的点穴技巧成为武林中的传奇人物。

点穴法的有效性在于其对人体经络系统的精准刺激。在施行点穴法时，习武者需要准确地找到穴位，并以适当的力量施加刺激，才能达到预期的效果。通过点穴法所产生的效果，如使对手昏厥、瘫痪或失去战斗力，正是通过阻断或刺激经脉的气血运行而实现的。这种技术不仅需要习武者有丰富的经验和精湛的技艺，还需要对人体生理结构和经络走向有深刻的理解。

此外，运用点穴法需要谨慎，因为不同的穴位受到刺激后会产生不同的反应。有些穴位受到轻微刺激后就会产生较大的反应，而有些穴位需要较大的力量才能产生反应。因此，习武者在运用点穴法时，必须根据具体情况选择合适的穴位和施力方法，以充分发挥点穴法的作用。

中医学的经络学说为中华武术的点穴技法提供了重要的理论基础。通过对人

体经络和穴位的深入研究，习武者能够更加准确地运用点穴法，提高武术的攻击能力和实践技巧。因此，中医学的理论丰富了中华武术的技击理论体系，为中华武术的发展提供了有益的启示和指导。

二、中华武术与中医学的相互关系

武术作为中国传统文化的重要组成部分，与中医学之间存在着密切的联系。中医学所倡导的养生理论和治疗方法为中华武术的运动、训练提供了指导，进而促进了中华武术的发展与完善。

首先，中华武术中的健身方法与中医学的养生理论密切相关。中华武术强调“内外兼修”，即在锻炼肌肉、筋骨的同时，也注重内气的培养和调和。这一理念与中医学的“精气神学说”息息相关，中医学认为人体的健康取决于精、气、神的和谐统一。因此，中华武术的内功修炼与中医学的养生理念相契合，促进了身心健康的全面发展。

其次，中华武术中的运动方式与中医学的气功理论一致。太极拳作为一种“以静制动”“以柔克刚”的拳种，注重内外的协调与统一。其运动过程中注重呼吸、意念与动作的结合，旨在调和气血、舒筋活络、增强体质、延年益寿。这与中医学的气功理论相符，中医学的气功理论强调通过调整呼吸、运动气息、调和阴阳，达到保健的目的。因此，武术的运动方式与中医学的气功理论相辅相成，共同促进人体健康的提升。

最后，中华武术中的训练手段与中医学的针灸理论相互借鉴。中华武术中的点穴法源于习武者对人体经络的深入研究，通过刺激特定穴位来调节气血、祛病强身。这一技术与中医学的针灸理论有着紧密联系，二者都是通过刺激人体特定部位来促进气血循环，达到增强体质的目的。因此，中华武术中的点穴法与中医学的针灸理论相辅相成，共同搭建起人体健康的保护网。

总之，中华武术与中医学有许多相似之处，通过将二者结合起来研究，可以帮助人们提升整体素质，增强抵抗力和自我调节能力，进而促进身心健康全面发展。

第四节　中华武术与传统艺术

一、中华武术与杂技艺术

杂技是从人类在与自然争斗中显示自身力量和技能的由自娱到娱人的原始艺术发展而来的，力技、形体技艺、投掷技、动物戏、乔装动物戏、幻术、滑稽七个方面是我国古代杂技的主要表演项目。这些项目中的多数项目均直接来源于传统武技，或者可以转化成武技。同源共生和互传互补成为中国杂技与武术的重要联系。

熟悉杂技节目的人都了解，刀、枪、剑、戟、棍等武术器械是表演杂技的重要道具，其中“刀牌对打”就带有鲜明的武术技法。至明清时期，武术技法在杂技马戏班子中比较常见，民间杂技开场更是用武术来暖场。到了清朝中后期的时候，武术在民间杂技中就更加盛行了，戏班中总有“要把戏”高手。在影视剧中也可看到，杂技或戏班开演前总有人表演武艺杂要吸引观众。

二、中华武术与戏曲艺术

“秦汉时期，武舞与戏曲中的武打均有一定程式，动作连贯，可视为早期的武术套路。这一时期，表演武术还有‘拍张’‘跳剑’‘掷戟’等，同时还出现了以表演玩赏为目的的女子相扑。”①

戏曲的基本功讲究“唱、做、念、打”，其中的“打”就是武打和翻跌的技艺，这也是传统武术的舞蹈化，是从生活中的武打搏斗场面中提炼而来的，属于戏曲艺术中的精华。武打部分是戏曲不可或缺的精髓。歌舞是戏剧的起源，因此载歌载舞的戏曲艺术以它独具风采的表演形式深受大众喜爱，而大众喜爱的原因有两点：①它载歌载舞；②戏曲中有着极其丰富多彩的武打艺术。这些武打艺术不断完善和发展，时至今日，我们依然能够从戏曲艺术中看到精彩的武艺呈现。

早期戏曲艺术的发展尚未完善，仅凭念白、唱腔难免粗糙，故事内容也不完全，因此肢体动作至关重要，这个时候武术自然而然地参与其中成为武戏。汉唐时期武术发展虽快，但也仅作为宫廷娱乐而存在，直至宋代戏曲随着江湖卖艺才

① 王家忠：《安徽武术文化历史研究》，安徽师范大学出版社，2017。

走进了大众的生活中。到元明清时期戏曲发展已较为成熟。元代出现的和战争、搏斗有关的戏曲是“脱膊杂剧”，其演绎者必须擅长使用刀枪剑戟，可以做到翻跌、纵跳等武技动作。明朝时期的戏班中武术表演已经非常闻名。整场戏的故事内容中，武打部分被突出描绘。乾隆时期，以武打表演著称的“三庆”“四喜”“和春”“春台”（“四大徽班”）入京，随即闻名京师。

以武戏闻名的各种地方戏曲中，川剧、京剧、粤剧等都有典型的武术文化特征。例如，在西北地区广泛流传的秦腔中就有势如闪电的武打戏；京剧《群英会》中的武打戏精练干脆；粤剧南拳就更值得一提，它以少林武术为灵感创造而出，发展至今已经不仅限于戏曲表演，在实用技击和相关套路比赛中也已占有一席之地。

回顾戏曲和武术的发展，武术虽然在很大程度上推动了戏曲发展，但也从戏曲中吸取了养分。现代的各类武术比赛或演出，武者在赛前行礼亮相就是从戏曲艺术中借鉴而来的。

三、中华武术与讲唱艺术

记载宋代说话技艺资料的《醉翁谈录》中有“公案”“朴刀”“杆棒”等，从书目名称可以看出其是描绘武林故事的书籍。另有部分章节则是演说武将保家卫国和绿林起义的水浒雏形故事，前者有《杨令公》《五郎为僧》《狄青》等，后者有《青面兽》《花和尚》《武行者》等。这些以武术故事为内容的书目既对文学上一些名著的产生起到了催化作用，又为武术的普及和激发人们的尚武精神起到了宣传作用。《京本通俗小说》《清平山堂话本》和“三言”等书中，有不少篇目就是描述的武打故事。

四、中华武术与舞蹈艺术

武术与舞蹈是中华民族两种性质、功用不同的人体运动形式。武术以技为本，体现的是攻防技术和攻防意识。舞蹈则以各种轻、柔、飘的肢体语言，表达舞蹈者的思绪和情感。然而，数千年来，这两种不同性质、不同功用的人体运动形式却互渗互融，结下了不解之缘。

武术对古代舞蹈的影响是巨大的，这种影响最早由武舞反映出来。武舞萌芽于黄帝时代，形成于商周，成熟于武兴而舞盛的唐代。例如，周代用来祭祀天地神灵的“大武”“大濩”“干舞”、汉代的“巴渝舞”、唐代的“破阵乐”“剑器舞”

都是历史上著名的武舞。古代的武舞和以抒发情感为主的文舞不同，表演时一般持干（盾）、戚（斧）等兵器，做出刚健有力的攻防动作，显出战无不胜的攻防气势，表明克敌制胜的决心，既有表演功能，又有军事功能。因此，早期的武舞既被用来歌功颂德，也被用来训练士兵和威慑敌人。后来，随着武术逐渐发展成独立的体系，武舞的军事功能逐渐消失，成为以表现刚健、勇猛为主的纯表演性的舞蹈。武舞无论是在古代舞蹈还是在近代舞蹈中都占有很大比重，文武并重是中国舞蹈的特点，也是中国舞蹈区别于世界其他民族舞蹈的不同之处。

五、中华武术与书法艺术

中国的书法艺术与武术的关系非常紧密。一些远古时代的格斗技术是刻在山洞中或岩石上的，这些石上的符号甚至要比文字记录更早诞生，更早记录了武术的起源。因为那个时候人们要跟野兽、自然搏斗，两个部落之间也会有战争，这个过程中肯定会积累一些比较有效的格斗技能，获得格斗的经验。当一个人在战斗中通过一击一刺获得了胜利，这个人在回部落的途中就会反复地练习这个动作，会在部落的祭祀活动或庆祝大典中表演这些动作，并把这些格斗动作和经验记在岩石上保留下来。这样，武术就一代代地传承了下来。在武术研究者看来，这些早期绘画可以说就是最早的武术图谱。武术与书法能够互相借鉴，互相激发创作灵感，这是因为两者之间有许多相通之处。

（一）武术与书法同构、同法

武术与书法的外在表现形式不同、功用不同，但两者内部都是一个太极结构。太极结构具有以下特点。

1. 运动性

太极图的外部呈圆形，圆形无论是从视觉上还是力学角度看都是不稳定的状态。因此，武术与书法都具有运动性，只是书法在二维空间运动，武术则在三维空间运动。

2. 圆满性

太极图的外部呈圆形，圆形还有圆满整体之意。圆满整体即包含宇宙、阴阳两种不同属性，因而是完整的、圆满的、充实的。

3. 变化性

太极结构虽然是一个对称结构，但你中有我、我中有你，通过彼此消长的变化实现力量均衡。武术与书法都以变化为本，书法的一点一画讲究变化，武术的一拳一脚也讲究变化，武术或刚或柔、或虚或实、或静或动、或攻或防、或快或慢，谁的变化多，谁就占有优势。书写时，或提或按、或虚或实、或方或圆、或轻或重、或徐或疾、或藏或露、或顺或逆、或湿或干，谁的变化丰富、层次分明，谁的美感就越强。武术与书法二者都充满了变化性。

4. 对称均衡性

太极内部是一个阴阳对称结构，武术与书法也有一个平衡对称原则。武术讲求式正招圆、身正步稳，每一个架势都要协调、齐正。书法对书体结构要求平正整齐、上下平稳、左右对称、轻重合适、重心中正。形意拳中的三体式就要求三尖对照、不偏不倚，动作严谨沉稳。太极拳更强调“立身须中正安舒，支撑八面”“气势团聚，对称协调，上下左右，相吸相系”①。而且，无论传统太极拳还是新编太极拳都注重对对称性动作的编排，如缠丝劲是陈氏太极拳的代表劲法，此劲不仅在左右肢体运动中呈现对称状态，在单侧肢体的运动中也蕴含着太极图中不易被人察觉的旋转对称。

（二）武术与书法同力

武术与书法都离不开用力。高超的拳术是拳拳有力、招招藏力。书法中的一点一画无不显示出力感，武术中的一拳一脚无不是力量的体现。优秀的书法入木三分、力透纸背。武术与书法对力的要求也相同，都追求一种被太极拳称作绵里藏针的含忍松沉之力。武术要求人体拳架、线条有骨力，骨骼强壮，紧劲峻整。书法要求用中锋写字，藏骨抱筋、背光一照，正中一道黑细线，体现裹铁之妙，柔中蕴刚之巧。武术与书法都强调用力的灵活和巧妙，武术要求运动中的劲力活顺自然，以四两之劲拨千斤之力；书法要求笔体提按运转灵活，下笔巧妙。

（三）武术与书法同功夫

武术与书法都是技艺，凡技艺要达到炉火纯青，必须经过长期的艰苦磨炼。书法的一点一画称点画功夫，拳术的一拳一脚称拳脚功夫。书法没有点画功夫，用笔不可能跌宕有致、字正线深、气足筋健。武术没有拳脚功夫，套路的严谨有度也是不可能的，出拳时也不能以小臂引大臂。只有基本功练扎实了，才能形成武技，再形成技巧，最后成为功夫。

① 邱丕相：《武术初阶》，上海教育出版社，2006。

（四）武术与书法气通

武术与书法都重视气的作用，都强调养气、练气、用气。武术中只知使力，不知练气、养气、用气，纵然有一身之力，也发挥不出武术的真正威力。只有以意导气，力从气出，以气催力，气壮力实，才能发挥武术的攻防效能。太极拳非常重视气的作用，练习时要求一气呵成、形断意连、势断气连、连绵相属、气势贯通。书法也讲求养气、用气和得气。得气就是让人体真气通过手到达笔端，从笔端灌注到书法之中，使点画气感充盈，产生勃勃生机。

（五）武术与书法境通

武术与书法都认为与道合一是技艺的最高境界。与道合一就是通过不断实践和感悟，使拳艺和书法突破形式的束缚，与自然精神、自然运动法则合而为一。

武术与书法，一武一文，形式不同，功用也不同。自古以来，武术与书法就缘远情深、互为借鉴，中华武术与书法艺术同属中华民族的优秀传统文化，它们虽各自有相对独立的内涵、法则、规律，但这两种文化形式并非完全分离。从理论和技法上看，它们有异曲同工之妙，而且彼此有沟通、交流、融汇的广泛、复杂的联系。

武术与书法之间的联系是多种多样的、普遍存在的。从简单的表面联系而言，武术讲究攻击和防守，一招一式均能展现力量美；而书法中一点一画也无不显示出力感。两者不仅强调力，而且强调用力的巧妙。武术中讲究“四两拨千斤”，讲究地力和人力的借明、合一等；书法则在提按顿转、轻重正侧中表现出巧妙的笔力。

（六）武术与书法神通、意通

武术与书法都注重形神兼备。古代把没有神采的书法比作庙宇中死气沉沉、呆板僵涩的泥塑木雕，武术也是如此。打拳时若无神采，就等于习武者没有灵魂。此外，武术与书法都讲求凝心敛意，心意高度专一。练习武术时，讲究心动形随，用意念支配形体动作；书法落笔前也要求凝神静思和意在笔先。书写时，以意为灵性，手随意转，这样写出的书法才会显得气象生动、意境深远。

六、中华武术与皮影、木偶艺术

皮影、木偶艺术是民族的，也是世界的。作为延续了数千年的民俗文化，其自身的多样性不言而喻。除此之外，最值得研究和赞誉的就是皮影艺术和木偶艺术的行为、动作操纵，其中让人印象最深刻的便是随配乐、鼓点而变化的武打招式动作。人物剪影的制作方式也很巧妙地体现出了中华武术文化。由此可见，皮影、木偶艺术的文化价值与其所处的社会地位非常匹配。

中国传统文化相互影响、艺术关联。宋朝时期皮影艺术和说唱技艺就同台演出，在民间盛极一时。其中，对影偶操纵的纵马扎枪、劈刀舞剑、腾云驾雾等技艺，呈现了纷繁复杂的人戏难能的表演技巧。丰富、热闹的武打场面是我国传统皮影艺术和木偶艺术的显著特点。各种以武侠为题材的皮影艺术和木偶艺术层出不穷。

第三章　中华武术文化的地域生态及发展探索

中华武术在漫长的发展过程中，与各地的风土人情、自然环境紧密相连，形成了各具特色的地域武术文化生态，不同地域的自然环境和人文背景孕育了各具特色的武术流派。随着时代的发展，中华武术不再局限于传统的师徒传承和民间习练，而是逐渐走向产业化运作的道路。进入新时代，如何保持中华武术文化的独特性和生命力，促使其可持续发展，成为一个亟待解决的问题。

第一节　不同地域武术文化生态的形成与发展

中华武术能够反映出民族特色、民族个性以及民族文化的特性。地域武术文化生态的形成和发展受多种因素的影响，它是由区域的地理环境、人们的生活生产方式、历史文化等因素共同作用的结果。以下就我国不同地域的武术文化生态进行研究，根据不同地域武术文化生态的特征，将我国武术文化生态划分为黄河流域北派武术文化生态、长江流域南派武术文化生态和珠江流域以南武术文化生态，在分析地域武术文化基本知识的基础上，对不同地域中具有代表性的武术项目及其文化特点进行重点研究。

一、地域武术文化生态概论

（一）地理环境与地域文化对武术的影响

地域文化又称为“区域文化”，专注于先秦时期中国各地区的文化特征，是特定地域在特定历史阶段所形成的具有独特地域特色的文化表现。不同民族的文化特征受其所处地域的资源、环境特点以及这些环境的变迁所影响。武术源于人们的日常生活，根植于人们与自然环境的互动之中。因此，中华武术文化的形成离不开中国丰富多样的地理环境。

1. 地理环境对武术的影响

中国地处亚洲东部，地理位置优越，具有地域辽阔、气候多样的特点，这为我国农业的发展提供了良好的条件，这也是文明古国得以产生和中华民族文化得以传承的重要原因。

（1）地理形态对武术流派的影响

地理形态对武术流派的形成和发展产生了深远的影响，主要在于对武术派系的形成和技术特点的塑造上。中国传统武术的南北两大派系，即南派与北派的形成和发展，源于各自地域的地理形态和文化传统。这种地理形态的差异导致不同派别在武术技艺、器械运用和战斗风格上具有显著差异。

北派武术的形成受到北方平原地带广阔的地形特点的影响。北方地域地势平坦，开阔的平原使得人们在战斗和武艺竞技中都有较大的活动空间。在这种地理形态下，北派武术注重远距离攻击和敏捷回避，因此腿法在北派武术中占据重要地位。北派武术的腿法动作较多、幅度较大，如弹、蹬、踹等，这与北方地形的开阔息息相关。另外，古时北方战争多以骑战为主，对下肢力量和灵活性的要求较高，这也促进了北派武术腿法的发展。因此，北派武术的风格特点表现为腿部动作多而大，注重力量和跃动。

南派武术的形成则受到南方地理形态的制约。南方地区多山地和水域，地形多岔，交通不便，导致南派武术更加注重近身格斗和身法的灵活性。南派武术的特点是步法灵活多变，注重近身搏击，遵循“一寸短、一寸险”的技术原则。由于地形复杂，不利于运用大幅度的腿法，因此南派武术的套路注重手法的变化和灵活性，追求身法的短小灵巧，以适应山地和水域环境下的近身搏斗需求。古时南方战争多以徒步格斗为主，对上肢搏击技术的要求较高，这使得南派武术更加注重手法的精湛和反应的敏捷。

（2）气候对武术的影响

气候和气候变化对武术的发展产生了重要的影响，这一影响主要体现在武术风格的形成和武术技术的特点塑造上。

气候寒冷的北方地区，如我国的黑龙江、内蒙古等地，长期的严寒天气和简单的生活条件使北方人民形成了坚忍刚毅的性格和强健的体魄。这种体质特点直接影响了北派武术的发展方向。在北方，人们更加注重力量的锻炼和技击的实用性，以适应严寒地区的恶劣环境和生存需求。因此，北派武术注重气势雄厚、力量强大的武术动作训练，技击动作多以大开大合、挥拳舒臂为主，注重力量的运用和肌肉的发力，体现了北方人民的坚韧和勇敢。

气候温暖湿润的南方地区，如我国的广东、福建等地，气候条件和自然环境使得南方人民形成了热情豪放、灵活机敏的性格特点。在这样的环境下，南方人民更加注重身法的灵活和技术的变化，以应对多变的自然环境和生活需求。因此，南派武术强调身法的灵活多变、步法的轻盈快捷，技击动作以轻灵迅速、巧妙变化为主，注重技术的精湛和应变能力，体现了南方人民的机智和敏捷。

2. 地域文化对武术的影响

地域文化对武术的影响是多方面的，主要包括地理环境、经济发展水平、社会政治环境、地域文化传统等因素的综合作用。

①地理环境对武术的发展起到了决定性的作用。不同地域的地理环境差异导致人们生产生活方式的差异，从而塑造了不同地域的武术风格和技术特点。例如，位于河流附近的地区，水资源丰富，人们的生活方式以农业为主，因此该地区的武术风格注重身体稳健和技术精湛，强调内功修炼和身心合一；位于山区的地区，

地形崎岖，人们的生活方式以狩猎和山林生存为主，该地区的武术风格更注重灵活机动和随机应变，强调实践技能和生存技巧。

②经济发展水平和社会政治环境对武术的传承和发展也产生了重要影响。经济繁荣的地区，人们生活富足，对武术的传承和发展更加重视，投入的人力、物力和财力也更多，因此这些地区的武术传承和发展更为广泛，技术更为精湛。在社会政治环境相对稳定的地区，武术的传承和发展更为长久，技术更为纯正，因为人们有更多的时间和精力投入武术的学习和研究中。

③地域文化传统也对武术的发展产生了深远影响。不同地区的文化传统和价值观念会影响人们对武术的认识和态度，从而影响武术的发展方向和发展速度。例如，崇尚武德的地区，人们更注重武术的道德修养和精神内涵，追求武术的道法一致，强调武术对人格修养和社会道德的影响；在崇尚实用主义的地区，人们更注重武术的实践技能和实用性，追求武术的实践效果和应用能力。

地域文化对武术的影响是多方面的、复杂的，其影响因素涉及多个方面。这些因素共同塑造了不同地域的武术风格和技术特点，展示了中国传统武术的多样性和独特性。

（二）不同地域武术文化生态的特征

1. 不同地域武术技术风格的多样性

不同地域武术技术风格的多样性是由地理环境、人的体质特点、文化传统等多种因素共同作用形成的。

（1）地理环境对武术技术风格的形成起到了决定性作用

北方地区地势辽阔，气候寒冷，人们生活在这样的环境下，需要更加强健的体魄来适应严寒的气候。因此，北派武术注重力量的发挥和技击的直接性，其拳法多以刚猛有力为主，侧重于以少胜多、以力胜巧的实践技术。南方地区山水相间，气候湿热，人们生活在这样的环境下，更注重身法的灵活机动和技击的变化多样性。因此，南派武术注重技巧的灵活运用和身法的敏捷转换，其拳法多以柔韧灵活为主，侧重于以巧胜力、以快胜慢的实践技术。

（2）人的体质特点对武术技术风格的形成有重要影响

北方人体格偏壮，肌肉发达，适合于强劲有力的技击，因此北派武术大多注重力量的运用和身体的爆发力，其拳法多以直击为主，强调一招制敌的实践效果。南方人体型偏小，肌肉柔软，适合于灵活机动的技击，因此南派武术注重身法的灵活变化和技巧的巧妙运用，其拳法多以化守为攻为主，强调以巧取胜的作战手段。

（3）文化传统对武术技术风格的形成发挥了重要作用

不同地域的文化传统影响了人们的思维方式和价值观念，进而影响了他们对武术的理解和修炼。北派武术注重实践技能和武德修养，强调拳招的刚猛有力和技击的实用性，体现了北方人豪迈刚毅和勇往直前的性格特点；南派武术注重技法的精湛和身心的协调，强调拳招的灵活变化和技巧的巧妙运用，体现了南方人智慧机敏和善于变通的性格特点。

2. 传统武术与地域文化的融合发展

传统武术与地域文化的融合发展是一个复杂而多维的过程，其中地域文化的影响是至关重要的。地域文化是人文地理学中的重要研究领域，承载着丰富的人文历史和文化传统，对于传统武术的形成和发展具有深远影响。

（1）地域文化为传统武术提供了历史底蕴和文化基础

不同地域的历史、民族、宗教等因素共同塑造了当地的文化特色。传统武术作为一种体现民族文化精髓的载体，深受当地传统文化的影响。例如，楚文化、闽台文化、武当山文化等地域文化对于当地武术的形成和发展起到了至关重要的作用。这些地域文化积淀了丰富的历史文化资源，为传统武术的形成和发展提供了源源不断的灵感和滋养。

（2）地域文化影响着传统武术的技术特色和表现形式

不同地域的文化传统和生活环境造就了各具特色的武术技术风格。以楚文化为例，其强调的勇武、刚毅的精神直接影响了楚国武术的技法和风格，表现为刚猛有力的拳招和一招制敌的攻击方式；而闽台文化的海洋文化特色则赋予了闽台武术灵活多变的特点，注重身法的敏捷和技巧的巧妙运用。这些地域文化不仅体现在武术的技术表现上，还深刻影响了武术的思想内涵和精神追求。

（3）地域文化与传统武术之间存在着相互渗透和相互影响的关系

传统武术在漫长的历史发展过程中，不断吸收、融合了各地文化的精华，形成了丰富多彩、博大精深的武术体系。同时，传统武术也通过其独特的技术和精神内涵，为地域文化注入了新的活力，成为地域文化传承和弘扬的重要载体。这种相互融合与共生的关系，既体现了地域文化与传统武术之间的密切联系，也丰富了地域文化和武术文化的内涵与表现形式。

二、黄河流域北派武术文化生态

我国黄河流域北派武术代表主要有少林武术、太极拳、八卦掌、戳脚、形意拳、通背拳等，以下重点分析少林武术和太极拳。

（一）少林武术

少林派是中华武术中范围最广、历史最长、拳种最多的武术门派之一，因出于中岳嵩山少林寺而得名。

1. 少林武术的起源与发展

（1）少林武术的起源

少林武术的起源是一个历史悠久且充满传奇色彩的过程，其源头可以追溯到位于今河南省登封市嵩山的嵩山少林寺。据史料记载，北魏时期，一位名叫跋陀的天竺僧人来到中原，他看到嵩山的山形很像一朵莲花，于是决定在此建立寺庙。北魏太和十九年（495 年），孝文帝为了安置跋陀，便建立了嵩山少林寺。少林寺位于嵩山五乳峰下，因坐落于嵩山腹地少室山茂密丛林之中而得名。少林寺的建立使得少林武术有了良好的发展平台，其名声也因此传扬至今。

有关少林武术的创立，流传着两种说法。一种说法认为，少林武术由印度佛学大师达摩所创。根据传说，公元 477—499 年，达摩来到嵩山少林寺，向僧众传授禅宗并创立了中国佛教禅宗。为了解决僧人长时间坐禅导致的昏昏欲睡、精神不振等问题，达摩改编了一些古代健身动作，形成了所谓的“活身法”，主要用于引导僧人锻炼身体。他还从在自然界观察到的动物动作中汲取灵感，将这些动作融合在锻炼身体的功法中，为少林拳的形成奠定了基础。然而，有学者指出，这种说法只是传说，并不符合历史事实。另一种说法则认为，少林武术由少林寺的第一代祖师跋陀的弟子慧光和僧稠所创。跋陀出家后游历各地，来到中国后在北魏时期受到了孝文帝的赏识，因而为其修建了嵩山少林寺。据传说，慧光和僧稠是跋陀的两位得意弟子，他们对武术有着非常高的造诣。慧光擅长高难度的踢毽子技艺，而僧稠则以其超凡的力量和记忆力著称。他们的成就在武术传说中被广泛传颂，但是这一说法的真实性尚待历史考证。

无论少林武术是由达摩创立还是由少林寺的慧光和僧稠所创，都反映了其深厚的历史底蕴和历史渊源。通过历代僧人的不断传承和发展，少林武术逐渐形成了一个独立的武术流派，具有丰富的技术内容和独特的风格特点。少林武术在历史的长河中得到广泛传承和发展，为中华武术文化的繁荣做出了重要贡献，成为中华武术的重要组成部分。然而，对于少林武术的起源依然存在着历史考证上的难题，需要更深入的研究和探索才能揭示真相。

（2）少林武术的发展

少林武术的发展历程跨越了数个世纪，其起源可以追溯到北魏时期，距今已有一千五百多年的历史。始于嵩山少林寺的武术传承，在历代僧人的不懈努力下，逐渐形成了独特的技击体系和丰富的武术文化。

在北魏时期，少林寺作为皇家寺院，拥有皇帝赏赐的农田，为保护这些农田不受侵犯，寺里的僧人便开始学习武术。隋末唐初，少林寺方丈组建了一支专门的队伍，其主要由身强力壮、善于使用器械且勇敢的僧人组成。这支队伍最初是为了保护寺院，后来开始参与政治活动，逐渐发展成为有组织、有纪律的僧兵队伍。此时，少林武术开始走向高水平的技击发展道路，少林寺成为天下豪杰向往的圣地。

明朝时期，由于民间习武的盛行，少林武术得到了迅速发展。朝廷多次派遣僧人参与战争，他们在战场中运用所学的武术技能立下了赫赫战功，这使得少林武术在武术界占据了重要位置。然而，清朝初年，由于朝廷禁止民间习武，少林寺的僧众只能秘密进行武术训练，以避开清廷的追究。

1911 年前后，少林武术继续在民间得到发展。中华人民共和国成立后，国家高度重视少林武术的发展，通过成立体校武术训练班和武术协会等措施，促进了少林武术的传承与发展。随着武术项目在全运会和亚运会中的正式确立，少林武术逐渐受到国内外的关注和认可。2006 年，少林功夫被国务院认定为中国首批“非物质文化遗产”，这标志着少林武术在国家层面上得到了充分的认可和保护。

少林武术之所以能够在历经千年沧桑后仍然保持强大的生命力，与其融合了多种技击形式、不断吸纳武术精华，以及历代武僧的不懈努力密不可分。少林寺善于容纳不同流派的武术精髓，并在其发展过程中不断将步战、马战、气功、轻功、徒手以及器械等融入其中，形成了独特而丰富的武术体系。同时，少林武术所蕴含的武术精神也在不断传承与发展，为国家和民族的繁荣作出了重要贡献。

未来，随着经济全球化进程的加快和文化交流的深入，少林武术将在世界范围内得到更广泛的传播和认可，同时将中华武术的精髓传承下去，为人类的身心健康和世界和平作出更大的贡献。

2. 少林武术的文化特点

少林武术作为北派武术的代表，具有刚劲有力、变化无穷、利于实践的技法特点。其文化特点主要体现在禅武合一，朴实无华，短小精悍，出疾收快、招式多变以及刚健有力、刚柔相济等方面。

（1）禅武合一是少林武术的一大文化特点

由于少林武术起源于中原的佛教禅宗祖庭之一的嵩山少林寺，因此具有浓厚的宗教色彩，并受到了禅宗哲学的深远影响。少林武术在禅宗哲学的指导下，逐渐形成了“禅武合一”的精神。这种精神要求习武者在实践中能够将武技与内心修炼相结合，并且在修炼过程中能够透彻人生，内心无碍无畏。少林武术强调动与静的结合，习武者往往会通过面壁坐禅等方式，使内心更加淳朴，精神更加虚灵。这种“禅武合一”的精神不仅是少林武术的一大特点，还对整个中华武术产生了深远的影响。

（2）朴实无华是少林武术的又一文化特点

少林武术的作用主要表现为防身、护寺、健身、入禅，因此其招式结构建立在实用的基础上。在实践中，少林武术强调不讲花架子，演练时朴实无华。每一招、每一式都贯穿实践的要求，注重攻防兼备。少林武术的朴实无华体现了其注重实践性和实用性，对中华武术的技击技能有较大的提升作用。

（3）少林武术的短小精悍也是其文化特点之一

拳术作为少林武术的重要内容之一，套路短小，大多少于三十六组动作，组合动作之间十分紧凑。这种设计使得习武者能够在短时间内完成动作，有利于其全神贯注、一气呵成，同时避免因套路过长而出现体力不足的情况，有利于习武者快速掌握技击动作。

（4）少林武术的出疾收快、招式多变也是其文化特点之一

出手招式要求疾速，越快越好，收时对速度也有较高的要求。少林武术在实践中强调招式的多变，习武者可以根据战局的需要，手脚并用，拳掌齐到。此外，少林武术强调“浑身无处不是拳”，各个身体部位均可发挥技击作用，这体现了少林武术具有多样性和灵活性。

（5）刚健有力、刚柔相济是少林武术的重要特点之一

少林武术的刚健有力主要表现为练习中的劲力以刚为主，出招要硬要猛，以重击对方。同时，少林武术也强调刚柔相济，即刚中有柔、柔中带刚。习武者在演练或实践中，会先刚后柔或先柔后刚，这也体现了少林武术的多样性和灵活性。

（二）太极拳

1. 太极拳的主要流派

太极拳作为中国传统武术，不仅是强身健体的体育项目，也是弘扬中华传统文化的极佳载体，还能成为一种新兴的体育休闲产业[①]。太极拳作为中国传统武术的代表之一，其以独特的拳理和内涵，在漫长的历史发展过程中形成了多个不同的流派。这些流派在拳理、套路、动作风格等方面各具特色，反映了太极拳在不同历史时期、不同地域、不同传承人群中的不同发展轨迹。下面将论述太极拳的主要流派。

（1）陈氏太极拳

陈氏太极拳是太极拳最早的流派之一，其以“陈式老架”为代表，其特点是动作缓慢、舒展，内含劲力，遵循“以静制动”的原则。陈氏太极拳重视内功的修炼，注重“以柔克刚”的拳理，通过练习陈式太极拳的套路，习武者能够在轻松自如的状态下运用自身的力量，以静制动、以柔克刚，达到调和身心、增强体魄的目的。

（2）杨氏太极拳

杨氏太极拳的特点是动作缓缓连绵，轻灵柔软，遵循“避实就虚”的原则。杨氏太极拳注重身体的柔韧性和灵活性，强调“以柔克刚”“借力发力”的拳理。通过练习杨氏太极拳的套路，习武者能够在面对敌人攻击时，以巧妙的动作避开对方的实质攻击，利用对方的力量，化解对方的攻势，达到以柔克刚、以静制动的目的。

（3）吴氏太极拳

吴氏太极拳的特点是动作简练、圆滑连贯，遵循“以柔克刚”“借力发力”的原则。吴氏太极拳注重身体的灵活性和柔韧性，强调“以静制动”的拳理。通过练习吴氏太极拳的套路，习武者在面对敌人攻击时，能够灵活运用自身的力量，以柔化刚、以静制动，达到防身护体、增强体魄的目的。

（4）孙氏太极拳

孙氏太极拳的特点是动作简洁明快，以意导气，遵循“以静制动”“避实就虚”的原则。孙氏太极拳强调身体的协调性和灵活性，通过练习孙氏太极拳的套路，习武者在面对敌人攻击时，能够以灵活的动作避开对方的攻击，利用对方的力量，化解危机，达到形神兼备的目的。

---

① 何斌：《民族体育文化与民族旅游开发研究》，北京日报出版社，2014。

2. 简化太极拳的发展

简化太极拳作为一项全民健身的重要体育运动项目，在中国的推广和发展中具有重要地位和作用。该拳种的诞生源于对传统太极拳的改革和简化，旨在使更多的人能够轻松掌握、方便练习，从而更好地享受太极拳带来的健身效果和精神愉悦。

简化太极拳的诞生可追溯到20世纪50年代中国体育运动的蓬勃发展阶段。当时，政府十分重视全民健身事业的发展，希望将传统武术纳入全民健身的体育运动项目中，以提高人民的身体素质和健康水平。然而，传统太极拳作为一种复杂的拳种，套路繁多、动作复杂，不易为广大群众所学习和掌握。因此，为了便于推广和普及太极拳，政府决定对太极拳进行改革和简化，以使其更符合群众的健身需求。

简化太极拳的主要特点是删减了繁杂、重复的动作，选取了相对简单、易学易练的二十四个基本动作，拳法更加简洁明了，易于学习和掌握了。这些动作在练习中注重舒缓、平和、柔和的动作风格，强调“以静制动”“以柔克刚”的太极拳拳理。这种简化不仅使太极拳的技法更易为初学者所接受，还使其更适合广大群众进行健身锻炼。

简化太极拳的推广和普及取得了显著的成效。作为一项全民健身的体育运动项目，简化太极拳在全国范围内得到了广泛的开展和推广，成为人们喜爱的健身方式之一。在城乡社区、学校、企事业单位等场所，都可以见到人们在练习简化太极拳的身影。同时，简化太极拳还作为一种传统文化的传承和保护，得到了政府和社会的重视与支持，这又促进了中华武术文化的传承和发展。

简化太极拳的发展也面临一些挑战和困难。虽然该拳种在全国范围内得到了广泛的推广和普及，但在实际练习中，由于缺乏专业指导者的指导，一些习武者容易产生动作不规范、姿势不正确的问题，从而影响太极拳的健身效果和技术水平。因此，加强对简化太极拳的培训和指导，提高习武者的技术水平和动作规范程度，是推动简化太极拳发展的关键所在。

简化太极拳作为一项全民健身的重要体育运动项目，是在传统太极拳的基础上进行改革和简化的产物，旨在使更多的人享受到太极拳带来的健身效果和精神愉悦。随着全民健身事业的不断推进，相信简化太极拳会在未来得到更广泛的发展和推广，为促进人民健康、增强人民体质做出更大的贡献。

3. 太极拳的文化特点

太极拳作为中国传统武术的代表之一，具有深厚的文化内涵和独特的文化特点。这些特点体现了中国传统哲学观念、伦理观念以及养生观念，凝聚了人们对人与自然、人与人以及人与自身关系的认知和追求。

太极拳弘扬了人与自然和谐相处的哲学观。太极学说是太极拳的理论基础，强调人与自然的关系。太极拳的练习要求身心放松、顺应自然，将身体融入自然之中，体现了“道法自然”的理念。太极拳的动作强调动静结合、刚柔相济，体现了自然界的阴阳平衡之道，使人们体悟到人与自然和谐共生的哲学思想。

太极拳弘扬了人与人和谐相处的伦理观。太极推手作为太极拳的重要动作形式，强调人与人之间要相互理解、尊重和协调。在推手过程中，需要与对方相互配合、相互倾听，体现了“舍己从人”的伦理观念。在太极拳的练习过程中，拳友之间相互交流、相互尊重，不仅能增进彼此的情感交流，还能践行人与人和谐相处的理念。

太极拳追求和谐的养生观。太极拳强调养气，注重修心养性，追求内外统一、身心和谐的境界。练习太极拳需调整呼吸、放松身心，以“虚灵之心，养刚中之气”为指导原则，体现对内在精气神的修养。练习太极拳可以凝神静气、调和气息，实现身心平衡、内外协调，达到健身养生的目的。

太极拳的文化特点体现了中国传统文化的精髓，弘扬了人与自然、人与人、人与自身和谐相处的理念。这些特点不仅在太极拳的练习过程中得以体现，还对人们的生活方式、道德修养和身心健康产生了积极的影响。通过太极拳的传承与发展，人们可以更好地领悟中国传统文化的精髓，实现身心和谐、社会和谐的目标。

三、长江流域南派武术文化生态

我国长江流域是南派武术文化的主要产生地，这一地区为武当武术、峨眉武术、咏春拳的形成与发展提供了丰富的自然和人文沃土。以下重点对南派武术中的武当武术和峨眉武术进行研究。

（一）武当武术

1. 武当武术的起源与发展

武当武术作为中华武术的重要组成部分，其起源与发展充满了丰富的历史内涵和文化底蕴。

武当武术的起源可以追溯到春秋战国时期，当时的武当山地区已有多个古氏族部落，这些部落对武术有着深入的研究和较高的造诣。武当山地区因其地理位置特殊，在历史上具有重要的战略地位。武当山地区因受到楚国防范以及秦国入侵的影响，形成了擅长武术的文化氛围。据史料记载，“武当”一词来自春秋战国时期的军事要地——“武当”，意为以武力阻挡入侵。在此基础上，武当武术的起源逐渐显现出来。在武当山地区的道家和军事文化相互交融的过程中，武当武术逐渐形成并开始发展。

武当武术的发展离不开张三丰的贡献。张三丰是元明之际的武当全真道士，他的思想受到道家和三教一家的影响，主张修身养性，注重内丹修炼，提倡行善积德、仁慈悲悯等道德观念。张三丰将道家的哲学思想与武术相结合，创编了武当内家拳，并以以柔克刚、以静制动的理念为基础，形成了独具特色的武当武术体系。张三丰以其卓越的智慧和武术造诣，为武当武术的发展奠定了坚实的基础，使其成为中华武种的重要组成部分。

武当武术的发展离不开历代宗师的努力和创新。历代宗师在张三丰的基础上继续发扬武当武术，不断丰富和完善武当武术的理论基础和实践技能，使其在理论、技艺和传承方面得到进一步提升和发展。通过不断传承和发展，武当武术逐渐形成了完整的体系，拥有了太极、形意、太乙、两仪、八极、八卦等多种拳法和养生功法，为后世的武术传人提供了丰富的学习资源和传承基础。

近代以来，随着中华武术的复兴和人们对传统文化的重视，武当武术得以更加广泛的传播和发展，特别是在中华人民共和国成立以后，政府对武术运动的重视程度不断提高，这为武当武术的发展提供了良好的环境和政策支持。改革开放以后，武当武术在国内外都得到了广泛的关注和认可，成为中国传统文化的重要代表之一。同时，在国际文化深入交流的背景下，武当武术也逐渐走向世界，为世界各地的武术爱好者所喜爱和传承。

武当武术作为中华武术的重要组成部分，其起源与发展凝聚了中华民族悠久的历史和深厚的文化底蕴，是中华民族传统文化的重要组成部分，对于推动中华武术的传承和发展具有重要意义。

2. 武当武术的文化特点

武当武术是我国重要的武术流派之一，在长期的发展过程中，它形成了一套完善的理论体系，涉及养生、炼药、修身等各方面的内容。经过多年的发展，武当武术成为我国传统文化的重要组成部分，其以独特的文化特点彰显着中国传统文化中的哲理，阴阳五行、养生、八卦等理论在其拳法动作和功法原理中得到了一定程度的反映。

武当武术是从数千年的中华文化中产生并发展的，其中蕴含着深刻的文化特点，主要表现在以下几个方面。

（1）武当武术的道家哲学

武当武术在本质上是对人们各种生命活动的探讨和展现，在一定程度上可以说是道教关于生命探索的结晶。武当武术先有了相应的理论基础，再演化出各种掌法，而其理论基础正是道家的哲学思想。

所谓道家哲学，即先贤通过对天、地、人这三者之间的关系不断进行研究和探讨，最终形成的一种关于自然、社会和人生的辩证哲学观念。道家哲学的不断发展与演变，在我国的漫长发展历史中，产生了广泛而深远的影响。道家哲学和本体就是“道”，其认为在天地之间有着永恒存在的“道”，从而演化孕育出世间万物，并对世间万物具有一定的制约作用。这些哲学原理用来指导武当武术取得了良好的效果。

武当武术起源于道家思想，这在其涉及的每一个领域都有一定程度的反映。武当武术具有鲜明的道家文化特征，是武功和养生方法的天然结合体，既具有深厚的传统武术文化底蕴，又含有深刻的科学道理。①道家对保存自身尤为重视，其对社会上的各种防卫术进行了分析，并以道家原理为指导，建立起了自身的防卫术——武当武术。

（2）武当武术的养生宗旨

武当武术作为一门传统武术，其养生宗旨贯穿其理论体系和实践方法之中，体现了道家思想注重今生今世修行和追求长生久视的特点。

武当武术的养生宗旨与道家的人生观密切相关。道家将福禄寿喜作为追求目标，强调通过精神和肉体的修炼来达到长生久视的目的。武当武术作为与道家文化紧密相连的武术，将养生视为修行的重要内容之一，旨在通过身体的锻炼和内心的修炼，实现身心的和谐，达到长生久视的目的。

武当武术的养生宗旨体现在其对静养和动静结合的重视上。道家强调静养的重要性，认为静养有助于人们修身养性，但也提出了动静结合的观点。武当武术不仅注重静养，还强调动静结合。通过太极、形意、八卦等拳法的练习，武当武术将动与静相结合，既保持了身体的柔软性和灵活性，又增强了习武者的体力和耐力，达到了养生的目的。

武当武术的养生宗旨还体现在其对精、气、神的修炼上。武当武术强调心灵、气息、身体的协调统一，通过相应的功法和练习方法，达到调理经络、滋养身心

① 湖北省博物馆：《百年民俗 湖北记忆》，湖北美术出版社，2022。

的目的。在练习过程中，不仅注重外在技击动作的训练，还注重内在精神和气质的修炼，通过动静结合的练习，习武者可以实现阴阳调和、刚柔相济，达到身心和谐的境界。

武当武术的养生宗旨还体现在对人体健康的维护上。无论是静坐修炼还是技击练习，武当武术都强调不超过身体的极限，避免对身体造成伤害。同时，其注重手、眼、身、法、步的练习，强调身体各部分的协调运动，注重提高身体的灵活性和协调性，以预防和调理身体的各种疾病，达到健身养生的目的。

武当武术的养生宗旨体现了道家思想的特点和精髓，其强调通过动静结合的练习，达到身心和谐、长生久视的目的。其在维护人体健康、促进身心修行方面具有重要的意义，对推动中华武术的传承和发展具有积极的作用。

（3）武当武术以技击为末学

武当武术以技击为末学源于其深厚的道家思想，体现了其独特的文化内涵和价值观念。从道家思想的角度来看，技击被视为末学的主要原因在于其追求的是和平止戈之道，而非以力压人。

道家注重清静无为，主张以理服人，而非以力服人。技击作为一种战斗手段，往往伴随着激烈的对抗和惨重的伤亡，容易导致两败俱伤。在道家的价值观念中，强调养生、保持自身完整性与和谐共处是至关重要的。因此，道家不提倡争斗，而倡导以柔克刚、以静制动，强调避免冲突，追求和平共处。在这种观念的指导下，武当武术将技击视为“末学”，强调修身养性，将养生放在首位。

另外，道家思想中存在着辩证唯物主义的观念。道家认为万事万物都处于对立统一的关系之中，正如五行八卦中存在着阴阳相互转化的道理。因此，尽管道家强调养生，但也意识到在特定情况下，技击作为一种战斗手段是不可或缺的。武当武术的技击功能并非被完全否定，而是在被动的情况下使用，其强调“后发制人”“贵化不贵抗”的原则，即在保持柔韧、不拒绝战斗的同时，力求以柔克刚、化解冲突。

武当武术以技击为末学根植于道家思想之中，体现了其追求和平、保持自身完整性与和谐共处的价值观念。尽管技击在某种程度上被弱化，但其在特定情境下的运用依然具有重要的意义。这种独特的文化特点赋予了武当武术更为深刻的内涵，使其成为一门融合了养生、修身、技击等多种功能于一体的综合性武术体系。

（4）武当武术的道德门风

武当武术自张三丰创建以来，便始终遵从祖师的训诫，形成了独特的道德门风。这一门风的核心在于弘扬道家思想，注重修身养性，将道德观念贯穿武当武术的各个方面。

“三戒”和“五戒”作为武当门规的重要内容，凸显了武当武术对道德修养的重视。首先，皈依戒要求门人专心向道、远离俗念，注重心性的净化与提升；其次，皈神戒要求门人信奉尊经、尊崇神灵，培养敬畏之心，倡导虔诚信仰；最后，皈命戒要求门人听从高德行的法师指引，遵循正道、追随师长，体现武当门人对于师德的尊重和信赖。此外，“五戒”更是武当武术道德观念的具体体现，其中包括不杀生、不食荤酒、不口是心非、不偷盗、不邪淫等内容，这些戒律规范着门人的行为，指引着他们正确处世。

在武当武术的实践中，道德教化贯穿各个环节。即使在武技的训练与运用中，武当武术也坚持“让人三招”“以和为贵”的原则。这种做法旨在强调与人为善、避免冲突，体现武当武术倡导的和平共处、礼仪文明的精神。这种文化内涵不仅在武术技击中得以体现，还延伸至了日常生活中，成为武当门人的行为准则和处世哲学。

随着时代的变迁，武当武术的道德观念也在与时俱进，为适应社会的发展需求，一些儒家礼教文化被纳入武当武术的门规戒律，以加大道德教化的力度。虽然某些内容随着社会的发展逐渐失去了实际意义，但其道德精神仍然具有重要的现实意义，如尊师重道、敬畏天命、和谐相处等精神，依然值得继承和发扬。

武当武术的道德门风不仅体现了道家思想的深刻内涵，也反映了中国传统文化的价值观念。其注重修身养性、尊师重道、和平共处的理念，对于培养门人的良好品德和处世态度具有重要意义，也为武当武术的传承与发展奠定了坚实的道德基础。

（二）峨眉武术

1. 峨眉武术的起源与发展

峨眉武术的起源与发展根植于四川峨眉山，其历史渊源可追溯至明代。峨眉武术的兴起在一定程度上受到了当时武术氛围的影响，同时也受到了地方文化传统的熏陶。

峨眉武术以其独特的技法与风格而著称，其技击方法的丰富程度令人惊叹。峨眉武术结合了道家的外柔内刚和少林的刚劲，表现为动作慢而快，猛发暴力，似刚似柔，绵绵不断，柔内透刚，内气逼人，飘忽不定，出神入化。[①] 峨眉武术

① 孙敬华、胡小伟：《中华传统文化读本》，重庆大学出版社，2020。

的特点主要体现在动作小、变化大，注重以柔克刚、以静制动和以动制静等方面。其主张内外相重，注重诱敌深入、后发先制，技击方法多以顺势前钻、借力反击、以快取胜为主。

在峨眉武术中，有着“四大家”和“四小家”的说法，这反映了峨眉武术的内容丰富多样。理论上，峨眉武术主张动功与静功并重，其主要技击方法涵盖了腾、挪、闪、颠、浮、沉、吞、吐等多种动作。相较于少林武术以攻架见长、武当武术以呼吸见长的特点，峨眉武术更加注重内外兼修、柔刚兼备的武术风格。在力道运用上，峨眉武术主张亦柔亦刚，既具备柔韧性又具备坚实的力道，力求达到刚柔并济的境界。

峨眉武术的起源与发展深受当时社会环境和地方传统文化的影响，其独特的技法与风格在武术界独树一帜。虽然存在着多种关于其创立的说法，但毋庸置疑，峨眉武术通过多代传承，形成了自己独特的理论体系和实践方法，为中华武术文化的丰富多彩做出了重要贡献。

2. 峨眉武术的文化特点

峨眉武术以其独特的文化特点和哲学基础在武术界独树一帜。其文化特点主要体现在哲学基础、价值观念和养生观念三个方面。

峨眉武术的哲学基础根植于阴阳学说，其将人体视为阴阳的统一体。在峨眉武术中，人体外部被视为阳，内部被视为阴，强调外练手、眼、身，内练意、气、心，讲究内外统一。通过调节阴阳的平衡，峨眉武术实现了人体阴阳的和谐，保证了身体的健康与气息的充足，为提高技艺创造了重要的物质条件。这种阴阳调和的哲学观念不仅贯穿武术的练习过程，也影响着习武者的生活方式和思维方式。

峨眉武术注重“武德”“仁术”和“养气”，强调修养人格和培养高尚品德。在峨眉武术的价值观念中，习武者必须具备正直善良的品德。因此，峨眉武术强调防御保身，将武艺作为一种抗暴图存的手段。习武者必须具备人道主义精神和浩然之气，将武术运用于维护社会和平、保护他人安全之中，以此彰显其武德高尚。

峨眉武术注重养生观念，强调坚守内外兼修、形气并重的原则。其讲究刚柔相济、开合有度，力求体现超凡的“神”气和强大功力，以此来显威制胜。这种养生观念不仅体现在武术的练习过程中，也贯穿习武者的日常生活，注重其身心的和谐与健康。

四、珠江流域岭南武术文化生态

我国珠江流域的特殊环境造就了南拳、截拳道、蔡李佛拳以及虎鹤双形拳等武术文化生态。这些武术文化生态极大地丰富了中华武术文化体系，以下对南拳和截拳道进行重点研究。

（一）南拳

1. 南拳的起源与发展

南拳作为南方地区独有的一种武术形式，自明代以来在广东、福建沿海一带逐渐形成。其起源与发展经历了漫长的历史积淀，体现了丰富的文化内涵和独特的技击特色。

南拳作为一大类拳种的总称，起源地主要集中在福建、广东一带，尤其与福建南少林寺的关系密切。南拳拳系的形成时间在清初到清代中期。此后，南拳在福建、湖南、湖北、广东、广西等地迅速传播，逐渐形成了独特的技击风格和传承体系。

南拳的基本特点在于门户严密、动作紧凑、手法灵巧，具有以小打大、以巧打拙、以多打少、以快打慢的特色。其总体风格表现为步法稳健、拳法刚劲、势头猛烈，注重通过声、气来调和与修炼内力。南拳紧凑而灵活，注重技击的灵巧和变化，善于利用对手的力量和势头，以小搏大、以巧制胜，具有独特的技击魅力。

南拳不仅在中国南方地区得到了广泛传播和发展，而且在东南亚以及美洲、大洋洲等地区也有着一定的影响力和传播度。南拳独特的文化内涵和技击特色使得其成为中华武术文化中不可或缺的重要组成部分，展现了中华武术博大精深的魅力。

2. 南拳的文化特点

南拳作为南方地区一支独特的武术流派，拥有独特的文化特点。下面以广东南拳为例进行详细分析。广东南拳涵盖了多种拳种和流派，但总体而言，其技法风格与南拳一脉相承，同时又形成了自己独特的技术风格，体现了深厚的文化内涵。

在技术风格方面，广东南拳的动作朴实无华，强调实用性和实践性。其拳法刚健有力、力量感十足，体现出了南拳的雄浑风格。拳术动作气势激昂，表现出强烈的战斗意志，体现了广东南拳对武术精神的追求。此外，广东南拳步法稳健，较少采用跳跃动作，更注重站稳和行稳，以确保身体的平衡和稳定。在技术应用上，广东南拳重拳法、少腿法，更加注重手部技击，强调用拳头进行攻击，突出了手部技击在南拳中的重要地位。

除了技术风格，广东南拳还秉承了南拳的文化传统和价值观念。南拳强调武德、仁术和养气，要求习武者不仅要有出色的武术技艺，更要有高尚的品德和道德修养。广东南拳注重培养习武者的正义感和仁爱之心，倡导行侠仗义，讲究拳以正心、正心以修身的修行理念。同时，广东南拳还注重内功修炼，强调内外兼修、形气并重，追求身心合一、内外合一的境界，这体现了南拳强调内功修养和身心健康的文化特点。

广东南拳不仅继承了南拳的技术传统，而且形成了独特的技术风格和文化特点。其朴实无华的动作，刚健有力的拳法，激昂的气势，稳健的步法，以及重拳法、少腿法的技术特点，展现了其雄浑刚健的风格。同时，其强调武德仁术、注重内功修炼的文化传统，体现了南拳注重道德修养和身心健康的价值观念，这为南拳文化的传承和发展注入了新的活力。

（二）截拳道

1. 截拳道的起源和发展

截拳道作为一种全方位的自由搏击术，是由著名武术家李小龙创立的，其又称为“李小龙截拳道”或“原始截拳道”。“截拳道”寓意着“阻击对手来拳之法”，具有注重实践应用的特点。李小龙通过对武术的悉心研究，最终创立了截拳道，他将东西方哲学理念融入其中，形成了一套自由搏击的方法论。

截拳道重在吸收各种武术中的有用技术动作，并结合个人的专长和实践需要，以增强实践技能。学习截拳道的过程就是学习将不同武术的技术融会贯通，创造出适合自己的、能够在实践中发挥最大威力的拳法。因此，一旦掌握了截拳道，所施展的每一拳每一脚都是属于习武者自身的，其具备个性化和实用性的特征。

截拳道的哲学理念强调个性化和实用性。它指出，每个人都应该追求适合自己的最佳打斗方法，而不是盲目地追随某一门派的技法。这需要结合个人的体质、思想和身形等特点，创造出一套适合自己的武术技法。在这个过程中，无论是功夫、泰拳、空手道还是拳击等，只要能够满足个人的实践需求，都可以称为“截拳道”。因此，截拳道不仅是一种武术技击方法，更是一种充满个性化、实用性的生存哲学，体现了习武者在实践中的灵活应变能力和创造力。

2. 截拳道的文化特点

截拳道作为一种自由搏击术，具有独特的文化特点，其最高宗旨和哲学核心体现在形式的无拘无束和对实践的追求上。

截拳道不受传统门派和套路的束缚，是一种吸收一切有效方法，发挥个人特长，以打倒对手为目的的实践拳道。截拳道强调实践中的灵活应变能力和个性化创造。与传统武术不同，截拳道不拘泥于固定的技术动作和套路形式，而是注重实践效果，强调观感、变化、见机行事。其哲学理念体现了李小龙对武术的独特理解，强调自由搏击的实效性，这也是截拳道与其他武术的显著区别。

截拳道的阴阳之道与技击矛盾说体现了其哲学思想和战斗原则。截拳道将道家思想中的阴阳理论融入武术实践中，强调柔与刚、阴与阳的相互转化和互补关系。在实践中，截拳道倡导以柔克刚、顺势而为，引导对手的力量，再以反击之力制服对手。这种战斗原则强调灵活应变和以少胜多，体现了截拳道对于实践的独特见解。

截拳道还强调实践和体验相结合的重要性。截拳道认为，武术不仅仅是一种技术动作的学习，更是一种智力与技巧相结合的艺术。在实践中，截拳道强调攻击动作的简单、直接，要求习武者在实践中不断体验、不断总结、不断提高。这种实践和体验相结合的观点强调了截拳道对于实践的重视和对于自我提升的追求。

第二节　中华武术文化生态的可持续发展探索

发展至今，文化软实力的提升日益成为大国竞争的关键指标，武术文化对我国文化软实力的提升具有重要作用，武术文化是中华优秀传统文化的重要组成部分[①]，如何科学构建中华武术文化生态可持续发展体系成为一个重要的研究课题。

---

① 程秋雷、王祥安、陈太菊：《中华武术文化观的生成维度、价值维度、实践维度探究》，《武术研究》2023 年第 5 期，第 52—54 页。

一、加强武术课程教学体系建设

发展至今，我国各级各类学校的体育教学内容中大多包含武术教学。站在传播武术文化的立场来分析，加强武术课程教学体系建设能获得较好的效果。但要想使各级各类学校推动武术文化可持续发展，同时构建良好的武术课程教学体系，就必须从以下几方面做起。

（一）遵循武术教学的规律

武术教学必须遵循科学合理的规律。这个规律是经过长期武术教学实践获得的，是武术教学取得预期效果所必须遵循的。换句话说，任何违背武术教学规律的教学，都不能获得理想的效果。武术教学的规律有以下几种。

1. 技能形成规律

技能的形成与人的生理和思维认知方式有关。从生理角度来分析，武术技能的教学可以分为粗略掌握阶段、改进提高阶段以及巩固运用阶段，具体如下。

①粗略掌握阶段。在粗略掌握阶段，只要求学生对所学内容有一个大致的了解，不必过多要求其对问题进行深入理解，仅仅形成一个表象上的认识即可。

②改进提高阶段。在改进提高阶段，学生需要对所学知识或基础动作进行不断完善和改进，力求尽早建立肌肉动力定型。

③巩固运用阶段。在巩固运用阶段，学生需要灵活衔接各种动作，实现动作的运用自如。到此阶段，学生应该具备了一定的武术运动能力，套路动作也基本成型。

2. 武术教学的基本规律

在长期的发展过程中，武术教学积累了很多基本规律，这些基本规律极大地提高了教学效果。受武术教学基本规律的影响，武术教学的各个环节变得更加有序，具体内容如下。

①在武术教学过程中，要建立正确的动作概念，首先侧重于对学生基本功的训练，关注每一个基础动作的动作要领，进而为此后进阶技术的学习打下良好的基础。

②在武术教学过程中，应分清重点与主次。整体教学内容要确定重点，每项教学内容要确定重点动作，对重点动作还要进一步明确所用的重点部位，力求以重点带一般，提高学生的贯通和联想能力。

③对武术知识和技术要深入研究，避免学生过于专注于模仿，并且要在研究教学规律的基础上做到举一反三，如手法、腿法、眼神、劲力、呼吸调节等

内容均有规律可循，教师需要抓住不同技术的共性，促进学生灵活运用能力的提高。

④注重对武术运动的特点进行教学。以武术技术教学为例，它的特点教学即教授一些动作中的标志性动作，展示本专项的特点，从而抓住练习技巧、体现共性特征、突出个性风格。

3. 负荷控制规律

运动负荷是任何武术教学中都不能忽视的问题。对于武术教学来说，对教学过程的负荷控制不仅是保证学生身心健康的必要手段，还是体现教师教学水平的标准。

根据现代科学训练理论，运动负荷过大或过小都会影响教学的最终效果。过小的运动负荷无法使学生达到锻炼身体的目的，而过大的负荷又容易给学生的身体带来伤害。

关于运动负荷的主要研究内容是运动量和运动强度两个方面。具体来说，运动量是指数量、次数、组数、时间、距离、重量等；运动强度是指动作的速度、练习的密度、间隔的时间、负重的重量、重复的距离与高度等。运动量和运动强度适用于包括武术教学在内的所有体育运动教学，同时是教师在备课环节必须考虑的问题。

需要说明的是，教师选定运动负荷时会受到许多因素的影响，如运动形式和学生身体素质等，因此各个阶段的运动负荷应根据具体的练习结果做出相应的调整。与此同时，学生也需要根据自身的真实运动状态适当调整运动负荷。运动量和运动强度与规范性动作的质量是密切相关的，教师应在保证规范性动作质量的基础上进行调整。

（二）贯彻武术教学的原则

1. 安全教育原则

为了使武术教学顺利地进行下去，教师应将安全管理事宜做得周全和可靠。一方面，要在教学过程中向学生传授安全知识，并且时刻观察他们的行为，以最大化地防止安全事故的发生；另一方面，指导学生掌握一些常见运动性伤病的发现及快速处理技巧，从实用的角度来说，学习这些应急处理技巧对学生日后的生活也有较大作用。

2. 尚武崇德原则

对于“武德”的释义，应先从“尚武”说起。“尚武”并非一种无脑的乱斗，而是在“德”的约束下使“武”成为一种在日常行为中主要以强身健体、以武会友，培养勇敢面对现实、不断超越的竞争意识的活动。在战争年代，“尚武”可以被赋予更多的内涵，如不畏生死、勇敢抗争和保家卫国等。“崇德”是指推崇道德修养，讲究诚信正直、谦和忍让、见义勇为，遵守社会公德、恪守文化规范等。把尚武和崇德充分融合起来，便是武德。

武德是指从事武术活动的人一定要遵守的行为方式与道德准则，其是在武术运动长期发展的过程中逐渐形成的，也是有效约束习武之人行为习惯的标准。因此，在进行武术教学时，教师不能忽视对学生武德的教育。为了达到这一目的，教师需要在教学过程中结合武术的特点及教学规律，明确学生习武的目的和动机，培养拥有良好武德的学生。

3. 内外兼修原则

武术是中华优秀传统文化中的重要组成部分，它不仅具有强身健体的作用，还蕴含了诸多哲理。因此，武术的教学原则也包括内外兼修。

内外兼修的“内”，指心、神、意等心智活动和气息的运行；“外”主要是指手、眼、身、步等身体外在形态的运动。内即身，外即形，追求内与外、形与神的结合使武术成为可以提高人体机能的重要方式和培养性情、陶冶情操的重要手段。因此，为了突出形与神的武术特点，教师需要在教学中通过各种方式向学生传达身体内外和谐配合的重要性，从而达到身心合一的境界。

4. 突出风格原则

武术之所以不同于其他运动项目，就在于它不仅仅是一项追求身体外在表现形态的运动，还蕴含了丰富的文化。这种文化的表现并不能通过简单的教学就能完成，而需要学生自己领悟。

作为组织和开展武术教学的教师来说，一定要正确引导学生领悟武术文化，但在此之前必须保证学生已经可以正确表现武术运动。基于此，教师应进一步突出用劲技巧和精神的融入，使学生在练习时做到精神饱满、内外合一，反映出所练武术具有的内涵和精、气、神等特点。

不同的武术项目有不同的动作组合和套路特点，其动作风格也各相迥异。例如，长拳的舒展大方、太极拳的缓慢柔和、南拳的拳势刚劲等。教师可在学生全面掌握拳种的技术和理论基础上，精细教学环节，针对能够体现武术特点和风格的技术动作进行高水平示范和深入讲解，使学生充分掌握武术的技术结构和动作过程，从而全面掌握其套路风格。

5. 直观教学原则

一般情况下，武术教学的教师必须正视动作数量多、方向路线变化多、单一动作元素多这三个问题。武术属于动态运动中的一种，其需要多项动作顺畅衔接，但对于单项动作质量要求偏高的武术教学而言，顺畅连接所有动作和保持良好动作节奏是学生学习武术运动的一个难点。

要想解决这个问题，教师需要在教学中强调直观性，如利用较为直观的教学方法指导学生学习武术。我国的武术教学讲究“口传身授”，即教师进行直观的演示，再配合语言提示，使学生通过反复练习掌握动作要领。实际上，这就是现代直观教学法在武术教学中的实践体现。

从教学的角度来看，武术的动作数量较多，而且动作复杂，再加上做出的动作除了身体外形方面的标准，还有眼神、心智等方面的标准。这就要求只有最为直观的教学法才能使武术教学获得最好的效果，因此，示范法在武术教学中就得到了普遍运用。

二、加强武术训练与竞赛体系建设

（一）武术训练体系建设

1. 遵循武术训练的原则

（1）全面性原则

全面性原则是武术训练的重要原则之一，特别是对于青少年来说，全面锻炼尤为重要。人体是由各种器官、组织和系统构成的。这些构成要素之间相互联系、相互影响。武术训练要注重全面锻炼身体各个器官、组织和系统，避免身体发展不平衡和不协调。既要注重肌肉、形体的外在发展，又要注重内功的修炼，以保证机体形态和功能的全面发展。

在武术训练的过程中，遵循全面性原则主要体现在以下几个方面：第一，力量与速度、耐力、协调性、柔韧性等素质练习相结合，能够对身体素质的全面发展起到积极的促进作用；第二，动力性和静力性相结合、大肌肉群和小肌肉群相结合，能够对全身肌肉群的平衡发展起到积极的促进作用；第三，练习形式多样化，能够全方位刺激、发展身体各部位与各器官系统；第四，主动性运动与被动性运动相结合；第五，无氧运动与有氧运动相结合。

由此可以看出，严格遵循全面性原则是提高武术训练水平的基础条件，在教师的有效指导下进行全面性锻炼能使训练水平获得提升。

（2）经常性原则

在武术训练的过程中，学生要以自己确定的近期和远期的锻炼目标为主要依据，进行有计划的训练。在训练的过程中，要克服惰性、排除干扰，养成自觉训练、积极训练的习惯。

（3）渐进性原则

渐进性原则是指有计划、有步骤地合理安排运动内容、难度、时间及负荷等，不能急于求成，要循序渐进地促进训练水平的提高。要有序地、逐步地增强身体素质，特别是负荷量的安排要逐步增加，有一个逐步适应的过程。这个过程就是机体能力提高的过程。如果不经过一定的适应期，突然增大负荷或负荷忽大忽小，则很可能影响训练的效果。

在进行武术训练时要注意以下几个方面：第一，要注意负荷强度逐步递增，要符合人体在参加运动时机体活动变化的规律；第二，锻炼的时间和次数也要相应地逐步增加；第三，在锻炼的内容上，由简到繁，由分到合；第四，在锻炼的要求上，由低到高，由易到难，逐步加大难度。

（4）区别对待原则

区别对待原则就是根据不同个体的不同特点和具体情况来安排训练内容、负荷、方法和手段等。由于学生在年龄、性别、健康状况、运动基础、习惯等方面都存在着一定的差异，因此要求以这些条件为主要依据，确定训练的手段与方法，制订科学合理的训练计划，以促进其训练水平的提高。

（5）自觉积极性原则

对于参与武术训练的学生来说，遵循自觉积极性原则十分重要，原因在于这是科学训练的基础条件，具体要点如下。

第一，武术训练要表现出一定的自觉性，如果没有较强的自觉性，则很难达到理想的训练效果。

第二，武术训练并不是一件容易的事，需要长期刻苦练习，在练习的过程中要持之以恒、克服困难、勤奋努力，自觉且积极地去完成，这样才能产生良好的训练效果。

第三，武术技术水平的提高是在长期的训练过程中形成的，这也需要学生自觉积极地坚持训练。

第四，激发学生参与武术训练的积极性的首要要求是全面了解武术的功能、价值和训练方法，在此基础上才有助于其自觉参与训练活动。

（6）目的性原则

武术训练是一个主动接受负荷刺激，克服一定的困难和疲劳的活动过程。要想获得理想的训练效果，必须有明确的训练目的，如果没有明确的训练目的，学生就会缺乏必要的思想动力，从而很难积极主动地参加训练。

（7）合理安排负荷原则

在武术训练中，要想获得良好的训练效果，还要合理安排运动负荷。具体做法为，逐步地、有节奏地加大运动负荷，并使大、中、小负荷科学结合。合理安排负荷就是科学控制负荷强度，确保训练效果。合理负荷是指负荷的强度大、小适当，负荷过大，可能超出机体可以承受的范围，达不到良好健身的目的，甚至会造成运动伤病。影响负荷大小的因素有锻炼的时间、密度和强度，教师可以通过调节这三个因素来调整负荷的大小。

需要补充的是，明确负荷大小需要把学生的性别、年龄、体质水平、身体状况、参与训练的目的等多重因素考虑在内，同时要使运动负荷伴随学生身体能力的增强而逐步增加。

2. 科学安排训练的内容

（1）武术训练的时间安排

武术训练在时间方面的安排，要以学生的生理特点为主要依据，每一次训练的时间不宜过长，通常以 1.5～2 小时为宜。一般来说，武术训练可以分为准备活动、基本部分以及结束部分三个方面，每一部分的时间安排有所差别，具体如下。

第一，准备活动的时间安排。准备活动约占整个武术训练时间的 1/4，具体为 25～30 分钟。其中武术游戏时间应为 10～15 分钟，这能使学生提升对武术训练的兴趣；柔韧练习应为 15～20 分钟，这能使学生身体充分做好准备。

第二，基本部分的时间安排。基本部分的时间约占整个训练时间的 2/3，具体是 1～1.5 小时，这部分主要以练习基本技术、基本功、拳术、剑术等为主，目的是为学生武术水平的提升奠定稳固基础。

第三，结束部分的时间安排。结束部分主要由放松与总结组成，一般花费 5～10 分钟，旨在为下次训练做好充足准备。

（2）武术训练的内容安排

第一，准备活动的内容安排。准备活动主要通过各种形式的跑和热身活动使身体各部分肌肉、关节活动开，从而为正式的武术训练做好充分的准备。因此，准备活动的内容即各种形式的跑和热身活动两个方面。

各种形式的跑包括长距离慢跑、短距离冲刺、游戏等，这些内容的训练对于学生各个器官和运动系统的调节有促进作用，可以使它们逐渐进入运动状态。

准备活动主要是活动人体的各个关节，可以使学生在接下来的训练中有效避免受伤。具体来说，头部运动、肩部运动、腰部运动、髋部运动、膝踝运动以及腿部运动等的热身练习是较为主要的活动内容。准备活动应当尽量达到多样化要求。

第二，基本部分的内容安排。在武术训练的基本部分可以安排多项内容，其中最主要的是武术基本功练习和武术套路练习。武术的基本功练习主要包括肩、臂、腰、腿、桩功、平衡及跳跃等；武术套路练习能够使学生的武术套路的演练技巧得到提升，从而进一步发展其套路演练所需要的专项素质和能力。

（3）武术训练负荷的安排

长时间超负荷训练或者低负荷训练都很难达到理想的训练效果，所以在武术训练中科学安排运动负荷尤为重要。

运动负荷是指运动训练中加之于人体的生理和心理负担，具体由运动量和负荷强度组成，但这两个组成部分受很多因素的影响。在武术训练过程中，教师可以通过测量学生的心率来对其进行观察。通常来说，当学生最大摄氧量为 100% 强度、心率为 150 次 / 分钟时，相当于正规武术竞技比赛时的 80% 强度；当最大摄氧量为 105% 强度、心率为 160～170 次 / 分钟时，相当于正规武术竞技比赛时的 85% 强度；当最大摄氧量开始乳酸能力训练、心率为 170～180 次 / 分钟时，相当于正规武术竞技比赛时的 90% 强度。由此可见，要想使武术训练达到预期目标，应当在参照自身情况的基础上合理安排运动负荷。

（二）武术竞赛体系建设

武术竞赛是武术的娱乐性、竞技性和观赏性的集中体现，是各个流派和拳种展现自己独特魅力的竞技场，也是武术发展进程中重要的传承方式，是武术时代化与现代化的重要表现形式。

1. 组织体系建设

要想更好地促进武术赛事的发展，建立一个完善的发展体系，就必须做好武术竞赛的组织工作，只有各个部门相互配合，建立一种有效的分工和协作关系，并在各个岗位配备合适的人员，才能保证武术竞赛顺利发展。

（1）武术竞赛的组织结构形态

武术竞赛的组织结构形态有单一型组织结构和职能型组织结构。

第一，单一型组织结构。单一型组织结构的特点是最高管理者掌握所有武术竞赛的决策权。其组织结构灵活性大，能够快速适应突然变化的情况，并且权利与责任能够明确，通常赛事最高管理者直接负责赛事的所有工作。由于武术竞赛发展时间较短，通常来说其组织管理规模较小，参赛运动员数量较少，因此可采用单一型组织结构。

第二，职能型组织结构。职能型组织结构是指根据职能把组织分成多个部分，此类组织结构对工作人员的专业化水平提出了很高的要求，但能把个人或团体安排到特定的工作组中，使工作效率得到大幅度提升。另外，职能型组织结构很容易出现新的职能，这给各部门的协调带来一定的困难，而且各部门之间时常因缺乏沟通与理解而发生各种各样的问题，因此采用职能型组织结构的组织需要各部门做好沟通与交流工作，形成一个统一和谐的整体，进而保证整个赛事能够顺利开展。

（2）武术竞赛的组织结构体系

武术竞赛的组织结构服务于武术竞赛的组织目标，旨在使政府、媒体、赞助商、中介和参赛队伍等赛事参与者能够协同作用，使武术竞赛的运营实现效益最大化。武术竞赛的参与者的相互关系构成了武术竞赛的组织结构，它们之间的关系要通过一定的作用对象体现出来。武术竞赛的组织结构体系分别是赛事参与者、运动项目以及赛事活动形式，具体如下。

第一，赛事参与者。所有类型的赛事都必须有参与者，武术竞赛也不例外。

第二，运动项目。武术竞赛的基础是运动项目，通常企业会选择受众广、竞技性强、规模大、级别高的武术竞赛。从市场需求的角度来分析，要求具有广泛的普及性、尽可能多的高水平习武者和高级别的武术项目，便于吸引更多的观众、媒介和赞助商的关注。

第三，赛事活动形式。赛事活动形式是武术竞赛的具体操作形式，在当前武术竞赛的发展条件下，其形式还比较单一，需要在今后借鉴其他比较完善的赛事活动组织形式，从而促进自身更好地发展。

2. 组织工作

（1）竞赛前期的组织工作

第一，讨论和确定组织方案。讨论和确定武术竞赛的组织方案时，一定要以武术竞赛的具体性质为依据，具体内容包括以下几个方面。①竞赛的名称、目的和任务。②竞赛的组织机构。所涉及的内容主要包括竞赛组织形式，所需设置的职能部门和所需工作人员数量。一般来说，组织委员会在确立主要职能部门后，由职能部门选择合适的人员组织管理工作。③竞赛的规模。竞赛的规模主要依据主办单位、承办单位、参赛人员的数量、场馆规模等方面来判断。④竞赛的经费预算。充足的经费预算是保证武术竞赛正常开展的重要环节。这些预算主要包括维持竞赛活动和竞赛管理正常运转所需的器材设备、场馆维护、奖品、交通、食宿、医疗、工作人员补贴等。

第二，成立组织机构。成立组织机构的形式和规模应当参照竞赛需要而定，通常规模较小的武术竞赛组织由以下几部分组成，见表 3-1。

表 3-1　规模较小的武术竞赛组织机构

组织机构名称	具体工作内容
组织委员会	第一，确定竞赛组织方向 第二，研究和批准竞赛规程 第三，研究和批准竞赛的工作计划 第四，赛前听取筹备工作汇报 第五，赛后批准大会总结或处理有关的问题
办公室	第一，依照组织委员会的决议，组织配备各部门的工作人员 第二，拟定工作日程计划。主要内容包括组织委员会会议、动员工作、开幕式和闭幕式、各代表队领队会议、组织学习报告或经验交流、大会总结等工作 第三，制定竞赛相关章程与提示、须知等信息通报 第四，负责对外协调、联络工作 第五，定期组织各职能部门召开小组会议或集体会议 第六，参与竞赛经费预算与评估等
竞赛处	第一，组织赛事报名工作，参与竞赛秩序册的编撰工作 第二，保证比赛场地提前准备、赛中运行和赛后保养工作以及竞赛所需器材的调试、准备工作 第三，每日召开竞赛组会议，商讨赛事中出现的各种问题，并提出解决问题的对策和建议 第四，负责比赛裁判相关工作。制定裁判员守则、安排裁判员执法场次等工作，保证裁判工作顺利进行 第五，适时组织参赛队伍代表进行经验交流、座谈等，以听取参赛队伍对赛事管理的建议 第六，赛后排列出各队名次，及时更新比赛过程、比赛结果

续表

组织机构名称	具体工作内容
宣传处	第一，组织好大会的宣传报道工作 第二，组织通信报道与编辑会刊 第三，组织好来访记者、媒体的接待工作 第四，调试、管理好新闻媒体所需的信息发布设备，如电话信号、互联网等 第五，研究制定先进团队和先进个人的评选条件和细则 第六，准备学习材料，组织学习和讨论
总务处	第一，参与编撰竞赛经费预算 第二，为竞赛提供可靠的后勤保障 第三，竞赛的生活管理工作。及时召开各单位管理人员的会议，解决竞赛中有关生活方面的问题

第三，制定竞赛规程。竞赛规程是竞赛组织单位组织各项运动竞赛开展的重要依据。在武术竞赛中，竞赛规程主要包括竞赛的名称、竞赛的目的和任务、主办单位、比赛日期和地点、参加单位和各单位人数及资格、报名和报到日期、竞赛办法、裁判员事宜、采用的规则和相关器材、录取名次和奖励办法等内容。武术竞赛的组织者一定要确保制定出的竞赛规程具有合理性，从而使武术竞赛顺利开展。

第四，制订竞赛计划。做好制订竞赛计划的调查和准备工作，确保制订的竞赛计划符合赛事要求。在参照竞赛方案和具体竞赛日期的基础上，各个部门应结合自身职责范围拟定详细的工作日期计划。办公室负责定期检查，各个部门负责贯彻和落实相关情况，及时关注和督促比计划落后很多的工作内容。

第五，确定纪律委员会的工作。纪律委员会相当于武术竞赛的“法庭”，主要职责是维持比赛的秩序，保证比赛顺利开展。其承担的具体工作主要包括：研究和处理整个竞赛过程中发生的违反竞赛规则的代表队及个别运动员、裁判员、领队、教练员和其他工作人员；对其采取警告、暂停或取消比赛资格或工作资格等措施。

（2）竞赛中期的组织工作

竞赛中期的组织工作是保证比赛顺利开展的重要因素，在武术竞赛中，受各种客观因素的影响，赛事的运行往往不会完全按照计划进行，很可能发生一些突发事件，而在遇到突发事件后，如果不能及时合理地解决，很可能影响比赛的顺利进行。因此，作为赛事组织管理者来说，一定要加强竞赛中期的组织工作。竞赛中期的组织工作内容如下。

第一，竞赛期间要不断进行思想教育，使参赛者端正比赛态度，正确对待胜负、裁判员及观众，还要表扬先进队员。

第二，赛事组织人员要深入参赛队伍，征求他们的意见，以便及时改进工作。

第三，要对比赛场地、器材和设备进行必要的检查和管理，以保证竞赛的顺利进行。

第四，赛事组织人员要与各参赛团队保持紧密的联系，加强彼此间的沟通和交流，及时处理比赛中出现的各种问题。

第五，治安保卫组要注意保证住宿和比赛场地的安全和秩序。

第六，如有特殊情况需要更改比赛日期、时间和场地时，赛事组织人员要及时通知有关部门和参赛团队。

第七，当遭遇突发情况时，一定要及时处理，确保风险最小化。

（3）竞赛后期的组织工作

对于武术竞赛的组织工作来说，竞赛结束后的组织工作同样是一个重要环节，主要内容如下。

第一，各部门总结竞赛期间的工作。

第二，组织和举行闭幕式，进行大会总结报告和颁发奖品。

第三，安排和办理各队离会的有关事宜。

第四，组织委员会向上级汇报工作情况。

三、加强武术人才体系建设

基于我国武术人才培养的现状，以下着重对加强武术人才体系建设的可行性策略进行分析，以期能够妥善解决武术人才培养过程中出现的问题，有效改善武术人才培养的现状，提高武术人才培养效率，加快武术人才体系的建设进程和完善进程，对构建中华武术文化生态可持续发展体系产生积极作用。

（一）采用“体教结合”的人才培养模式

在培养武术人才的过程中，一定要牢固树立“大人才观”，坚定不移地走“体教结合”的道路。一方面要把发展武术套路的需要纳入考虑范围，另一方面要高度重视青少年及其家庭的诉求，如此才能推动武术运动和武术文化可持续发展。

对于武术人才培养的现状，在采用“体教结合”的人才培养模式时，我国首先要有效解决武术人才文化素质不高的问题，在武术人才培养过程中将具有才华的青少年积极引入进来。除此之外，对于武术办学，政府要提供必要的资金扶持，合理分配体育彩票的公益金，拿出一部分资金来支持武术运动教学，并有效处理中小学中武术教师专业素质不高的问题。科学应用这些方式方法对有机结合武术教育和武术训练有较大的促进作用。

（二）加大对民办武术学校的监管力度

第一，我国有关行政部门要高度重视民办武术学校的健康发展，国家部门同地方管理部门要密切配合、相互协调、共同管理，以促使民办武术学校的办学质量得到提高。

第二，定期对民办武术学校的管理者和教师实施思想政治教育，定期举办针对武术学校领导和教师的培训活动，并组织学校领导和教师进行相关法律法规的学习，不断提高学校领导的管理水平以及教师的教学水平。

第三，相关部门要科学制定针对民办武术学校输送优秀武术人才的奖励制度和政策，在此基础上增强武术学校教师参与训练工作的主观能动性，由此使武术人才训练的科学化程度得到大幅度提升。

（三）加强教练员队伍建设

在武术训练中，教练员担任设计者、组织者、教育者的角色，发挥着重要的主导作用。武术人才的培养质量直接受教练员综合素质的影响。就现阶段来说，我国武术教练员的综合水平不高，想要实现科学化训练需要克服很多困难，所以必须加大对教练员队伍的建设力度，使教练员的综合素质得到大幅度提升，具体策略如下。

第一，增强教练员的思想意识。促使业余武术教练员的思想意识得到切实的提高和更新，不断增强他们的责任心和事业心，使他们能够对国家、集体、个人之间的利益关系形成一个正确的认识，能够始终将对武术人才的培养作为自己的工作目标，并积极履行工作职责，在具体的执教与执训过程中淡化个人利益，将国家利益放在首位，积极培养能够为国家争取荣誉的优秀武术人才。

第二，制订教练员培养计划。当前社会已经进入了知识经济时代，在这种背景下，如果武术教练员只凭借固有模式和经验来开展武术人才培养工作，将很难达到科学训练的相关要求，更难获得比较理想的训练效果。因此，武术人才培养单位的相关领导在考虑本单位客观实际的基础上，还要制订教练员培养计划，对教练员的业余学习进行积极的鼓励和支持，促进教练员文化素养和学历水平不断提高，使其全面掌握有关武术训练、科研、管理等方面的知识，以此来促进其综合素质的提高。除此之外，相关部门还要通过积极创造有利的条件来为教练员的学习提供更多的机会，通过举办各类业余培训班来促使不同级别的业余教练员获得学习机会，使同一级别的教练员在培训中能够进行交流和切磋，以实现取长补短、共同进步的目标。

武术人才培养单位要自觉引入国内外的武术专家和学者，邀请其在本单位积极组织和开展专题讲座，为本单位教练员提供学习国内外先进训练理念和方法的机会，进而增加教练员知识储备量，提高教练员的训练水平，保证教练员的科研意识得到增强，为教练员由经验型转向科学型和学习型提供保障，最终顺利达成提高其综合素质的目的。

第四章　中华武术的美学思想探源与审美表达

中华武术的美学思想并非凭空产生，而是根植于中华民族悠久的历史文化土壤中。中华武术的美学思想探源有利于我们深入理解其美学精髓。在中华武术美学思想中，审美意象居于重要地位，需要我们重点了解。在审美表达方面，中华武术有一套独特的表达方式和评价标准，展现了其独特魅力。

第一节　中华武术的美学思想探源

“武术是文化，是一种高雅的文化。”[①] 这种高雅文化的形成与发展是长时间、多学科文化不断积累和渗透的结果。其中美学思想的渗透构成了中华武术美学思想体系，它既类似于美学的某些特征，又有别于美学的某些属性，这是中华武术文化不断发展变化的必然产物。

一、“乐”是中华武术美学思想的表现形式

中华武术作为一种综合性的体育运动，自其发展初期即具备练、用、看三种基本功能，其中“看”指其具有观赏价值，涵盖了一定的表演艺术性。通过优美的造型、动感的展示、均衡的姿态、和谐的韵律以及深刻的意境，中华武术赋予了观众美的享受并使其引以为乐。

在古代，对“乐”的理解十分广泛，既包括了音乐和娱乐，也涵盖了诗、歌、舞三者的结合。儒家思想认为，人们对于“乐”的追求源于人对美好事物的感知和向往。简而言之，“乐”即快乐。在习乐舞时，人们通过身体的动作和姿态，感受到了身心和谐的状态，表现出了一种内在的愉悦和舒适。因此，“乐”成为人们生活中不可或缺的一部分，也是人们对生活愉悦的追求。

武术的舞蹈表演，即武舞，可以被视为具有典型表演性质的活动之一。早在古代，武舞便与军事训练、庆祝仪式等紧密相连。武舞的兴盛既丰富了人们的生活，又为人们增添了生活的乐趣，提升了人们的审美能力。无论是体育范畴内的武舞还是文艺范畴内的武舞，都与乐有着密切的关系。

在体育范畴内，武舞被视为武术套路和器械对练的前身，注重身体与精神的协调，旨在提高人们的军事技能。古代的武舞如“万舞”“象舞”“大武舞”等，既是军事训练的一种手段，也是人们生活中的一种娱乐形式。通过跳这些大型的武舞，人们不仅锻炼了身体，还得到了身心的愉悦和享受。

在文艺范畴内，武舞更多地与音乐伴奏相结合，成为宫廷中的助兴活动。从古代的宴会到唐代的文艺演出，武舞都是一种备受欢迎的表演形式。舞者通过曼妙的身姿和娴熟的动作，与音乐相融合，为观众带来了视听的双重享受。

无论是体育范畴内的武舞还是文艺范畴内的武舞，都是一种通过身体动作和

① 蔡宝忠：《武术与文化——中国武术文化基因的构成》，山西科学技术出版社，2015。

舞姿表达情感的艺术形式，是人们追求快乐和美感的重要途径之一。通过武舞，观众能够感受到身心的愉悦与和谐，体会到中华武术美学思想的内涵和魅力。

因此，可以说，“乐”是中华武术美学思想的重要表现形式之一。通过武舞的展示和演绎，人们得以体会到美的享受，感受到生活中的乐趣，从而达到身心和谐、精神愉悦的境界。

二、“圆”是中华武术美学思想的核心

“圆”作为中华武术美学思想的核心，体现在武术运动的各个方面，从静态的形态美到动态的运动美，无不展现出“圆”的深刻内涵和重要意义。

就像古希腊的毕达哥拉斯学派（毕达哥拉斯学派亦称“南意大利学派”，是公元前600年至公元前500年古希腊哲学家毕达哥拉斯及其信徒组成的学派）所认为的，“圆”在各种立体和平面图形中始终是最美的形态之一。在武术活动中，人体的曲线美恰好彰显了“圆”的美学特征，而武术运动的动态表现更是以圆的形式出现。圆形具有最大的空间和容量，具备均衡、和谐、完善等多重美学特征，因此，在武术中，“圆”不仅是一种形态美的体现，更是一种动态美的表达。

历史上的武术种类如少林拳、太极拳、八卦掌等，都深受“圆”的美学思想影响。在少林拳中，“圆”不仅仅是动作的形态，更是内外功的统一。少林拳的演练要求发力顺达、通融螺旋劲、躲闪圆灵多变，这些要求体现了“圆美学”的渗透；太极拳则更为深刻地将“圆”的美学思想融入拳法之中，其运动路线多是各种圆形的变化，从大圆到小圆、从平面到立体，处处体现出圆的运动形式；八卦掌则将“圆”作为术中之源，要求身形、步法、招式等环环相扣，呈现出一种万变不离其宗、尽在一个圆圈之中的美学效果。

此外，武术器械中也充满了“圆”的运动形式。枪棍的大圆与平圆、刀剑的斜圆与立圆，都是“圆”在武术器械中的体现。不仅如此，武术中的推手、技击等实践技巧也强调“圆”的运动方式。通过灵活的圆形运动，习武者能够化解对方的攻势，借力发力。因此，从器械到实践技巧，无不体现了“圆”的运动在武术中的重要地位。

在中华武术的美学思想中，“圆”不仅仅具有形式上的美感，更是内在精神境界的体现。武术强调一招一式都要势正神圆、势正招圆，将精神状态和技术和谐统一，达到身心相融、形神兼备的境界。因此，“圆”不仅是中华武术的技术追求，更是习武者内在修养和精神境界的体现。

综上所述，“圆”作为中华武术美学思想的核心，贯穿武术运动的始终，从静态到动态，从形态美到动态美，无不体现了“圆”在武术中的重要性和深远影响。通过对“圆”的深入探讨，习武者可以更好地理解和把握中华武术的内涵和精髓，实现技艺的完美呈现和精神境界的提升。

三、“和谐”是中华武术美学思想的本质特征

和谐是中华武术最为核心的文化精神。以和谐为价值取向的观念贯穿武术文化的思维模式与实践规范之中。武术文化独特的价值取向是和谐，全面实现武术文化的技击、养生、修性等多方面功能的方法是和谐，衡量这诸多功能的价值尺度是和谐，武术文化所追求的终极目标，仍是和谐。[①] 和谐是中华武术美学思想的本质特征，它在武术运动中体现为诸多方面的协调配合，是一个对立统一的过程，是事物或现象发展的一种美好状态。这种和谐观念扎根于中国古代文化之中，体现了中华文化兼容和博爱的特质。在中华武术美学思想中，和谐涵盖了多个方面，包括人与自然的和谐、人与人的和谐、个人身心的和谐、人与社会的和谐以及不同文明间的和谐等，它们共同构成了中国哲学“普遍和谐”的整体观。

中华武术美学思想中的和谐观主要体现在两个方面：矛盾对立的统一性和内容与形式的和谐。一方面，武术运动中存在着丰富的矛盾对立，如阴阳、动静、虚实、刚柔等，这些矛盾在实践中相互包含、相互贯通，体现了对立统一的美学原理。另一方面，在武术运动的内容和形式中，整体与局部、局部与局部之间存在着和谐的关系。从整体与局部的关系来看，武术的整体内容包罗万象，必须通过多种形式加以表现，以保证内容和形式的整体性与适宜性。在局部与局部的关系中，各段套路的设计必须考虑到彼此间的协调，以确保整体套路的完整性与和谐性。在内容与形式的变化中，武术内容的丰富使得形式不断发展，也反映了对立的和谐统一。

总的来说，中华武术美学思想中的和谐观是一种丰富而深刻的体现，它超越了单一的审美范畴，涉及社会实践、哲学思考和文化传承等多个方面。和谐不仅体现在武术运动的动作和技巧中，更体现在武术运动背后的文化内涵和价值观念中。通过对中华武术美学思想中的和谐观的深入探讨，习武者可以更好地理解和把握中华武术的本质特征和文化内涵，进而推动武术事业的传承和发展。

---

① 申国卿、邓方华：《中国武术导论》，重庆大学出版社，2016。

第二节　中华武术美学思想的核心理念——审美意象

符号学作为一门新兴学科，强调符号由“意符”和“意表”组成，是能指和所指的结合体。在符号学的框架下，意义被视为符号的灵魂，符号的生命依赖于它的意义。“形式”即艺术符号的“能指”，而“意味”则是“所指”，二者的结合体构成了艺术的意蕴。

汉字的形成遵循“六书”原则，即象形、指事、会意、形声、假借和转注，它们共同构建了汉字的符号系统。将汉字视为一个符号系统，可以更好地理解和阐释语言的文字思想。汉字作为表意性的象形文字，与西方表音性的抽象符号有着本质的区别。汉字本身可以被视为一种“意象”，不同的汉字能够传达不同的意境，而这种传达方式在西方语言中是很难感受到的。汉字长期以来的延续使用，使得中国人的思维始终与具体形象相连，这也是中国文明延续至今的原因之一。汉字作为中国文化的符号，具有丰富的美学思想，其中“依类象形”的思想是其核心。在符号学中，符号具有图像符号和象征符号两种性质。京剧脸谱、太极图、八卦等都是象征符号，它们通过“意象”传达象征意义。

中国传统美学的理论多以文学形式表达，其借助联类立象的思维模式和体验的自明性，而非依赖于逻辑思维。中国文化中的“意象”与西方文化中的“有意味的形式”有着相似之处。它们都是艺术符号的能指和所指的结合体，表达了艺术作品的意蕴。因此，汉字作为一种符号，蕴含着丰富的美学思想，离不开“依类象形”的观念。

一、中华武术的审美意象及其再造理论

（一）“意象”思维的美学意蕴

“意象”思维的美学意蕴在中国传统文化中具有丰富的内涵和重要的地位。“意象”中的“意”与“象”相互结合是源自对古代中国哲学和文化的深刻思考。这种思维方式不仅是审美主体与客体相融合的产物，还是中国审美观念的重要表现之一。

在中国传统美学中，“意象”被视为审美主体的主观意识与审美客体的客观

形象相融合的产物。通过对自然界、人生价值等方面的观察和体验，可以形成丰富多彩的意象。这些意象不仅体现了人们对生命和自然的理解，更体现了中国文化中“天人合一”的核心思想。例如，《易经》中关于“象”的理论，被认为具有重要的美学意义，展现了人们对自然界和人生价值的深刻思考，并通过象征性的符号表达出来。

“象”不仅是人们对自然现象的感知，更是人们能够用符号来表示的意象或观念。在中国书画艺术中，意象的运用更是不可或缺的一环。无论是自然景象还是人类创造的产物，都是通过意象来表达生命的活力和进行情感的抒发的。因此，“意象”思维的美学意蕴体现了中国传统文化中的深刻思想和丰富内涵。它不仅是对自然界、人生价值的观照和反思，还是一种超越形象的精神追求和生命的再现。通过对“意象”思维的理解和探索，人们可以更深入地理解中国传统美学的精髓和价值取向，以及人们对生命、自然和艺术的追求。

（二）武术审美意象的诠释

武术在传统文化的熏陶中，深深地受到审美意象的渲染。武术的招式与动作具备了生动的感性形态，武者受到外物的感发而导致情感的抒发与宣泄[①]。武术审美意象作为一种综合性的审美观念，旨在通过对自然、社会和人自身的审视，体现武术技术动作和习武行为中的美学内涵与人文价值。这种审美意象的形成不仅受到中国传统文化中“天人合一”思想的影响，更是在实践活动和观念传承中逐步形成和发展的。

自然意象的诠释核心在于将自然现象及其内在理念融入武术动作和技理之中。这种理念体现了人们对自然规律的感悟和尊重，并将自然的力量和美感融入武术之中。例如，太极拳中的“以柔克刚”“以静制动”等原则，就源于对自然界中阴阳平衡、柔顺变化的观察和领悟。通过模仿自然界中万物生长、变化的过程，武术动作呈现出一种流畅、自然的美感，体现了对自然的敬畏。

身体意象的诠释重点在于将人体自身的形态和功能作为审美塑造的对象。这种审美意象源于人们对人体结构、肌肉线条等生理特征的欣赏和审视，并将这种欣赏和审视应用于武术技艺的修炼和表现之中。在武术实践中，人们追求身体的柔韧性、力量感和协调性，希望通过不断练习和修炼，塑造出一种优美而又有力量的身体形态。这种审美意象不仅体现了人们对人体美的追求，更蕴含了人们对健康、力量和生命力的赞美和崇尚。

---

① 王岗：《中国武术文化要义》，山西科学技术出版社，2009。

人生意象的阐释强调了武术行为在社会中承载的人文价值和精神追求。在武术的传承和发展过程中，人们不仅追求武术技艺的高超和身体的强健，更追求道德修养和精神境界的提升。武术强调的是“以德行人”，注重的是内在修养和道德品质的培养。因此，在武术审美意象中，人们将武术技艺和修行精神结合起来，形成了一种融合审美、道德和哲学思考的综合性观念。

武术审美意象是一种综合性的审美观念，旨在通过对自然、社会和人自身的审视，体现武术动作和习武行为中的美学内涵和人文价值。这种审美意象的形成和发展，不仅受到中国传统文化中“天人合一”思想的影响，更是在实践活动和观念传承中逐步形成和丰富的。通过对自然、社会和人自身的审视，人们可以不断地探索和追求武术的美学境界，从而丰富中国传统文化的内涵，也为当代社会的美学发展提供有益的启示。

（三）武术审美意象再造的阐释

武术审美意象再造是中华武术的特质之一，其涵盖了符号学理论中的编码与解码、心理路径以及过程阐释等方面。武术审美意象再造不仅体现了中国传统美学的核心思想，也展现了武术的审美创造和实践过程。

在符号学理论的框架下，武术审美意象再造涉及符号的编码与解码过程。符号作为信息传递的载体，其编码和解码涉及民族、时代和个性等方面的差异。中华武术作为一种特定的文化表达形式，其审美意象再造受到中国传统文化的深刻影响，编码和解码过程需要立足于中国传统文化的“语境”之中。例如，中华武术动作的形成是一种符号信息的编码过程，是肢体运动的数字化过程。通过这一过程，武术动作传达了丰富的思想情感，体现了中国传统文化中的审美观念和价值取向。

在心理路径的探索中，自然物象被视作武术审美意象再造的物质基础，而“意象在胸”则是内心产生的意象。中华武术的形成不仅反映了自然物象的观照，更体现了人们内心的想象和情感。这些意象经过艺术加工，形成了武术的审美形象，传达了人们的思想寄托。武术意境则是在欣赏武术的过程中产生的心灵境界，标志着武术之美给人带来的精神愉悦。因此，武术审美意象再造的心理路径是一个由实入虚、由虚蹈境的过程，既反映了外在物象的变化，又展现了内在情感的转化。

在武术审美意象再造的阐释中，中华武术呈现出自然具象、意中之象、武术形象和武术意象等层次。这些层次相互交织、相互影响，共同构成了武术艺术的审美体系。武术审美意象再造的目标是所形成的武术形象与自然具象保持“神似”，并在欣赏过程中达到物我会通的“合一”境界。因此，武术审美意象再造的过程是围绕着“象”的思想展开的，既强调形式与内涵的统一，又注重审美体验的深度和广度。

武术审美意象再造是中华武术美学思想的核心之一，其涵盖了编码与解码、心理路径和过程阐解等多个方面。通过对这些方面的探讨和解释，人们可以更深入地认识和理解中华武术中的美学价值，体验其中蕴含的丰富文化内涵和精神境界。

二、中华武术审美意象再造的路径探索

（一）虚静意蕴

“虚静”作为中华武术审美意象再造的思想基础，深植于中国养生理论和艺术创造的根基之中。在中国传统文化中，虚静被视为修身养性的根本，是人与自然相融相通的重要方式之一。

虚静意蕴在中国养生理论中扮演着至关重要的角色。古代先贤庄子和《黄帝内经》等均强调了“虚无恬淡”“恬淡虚无”的养生理念。这种理念将心境置于虚静无物的状态中，讲究追求内心的宁静与平和。在武术实践中，特别是在太极拳等内家拳的修炼过程中，通过“心斋”“坐忘”等心理方法，追求内心的虚静状态，使得身心得以净化、修养，实现“心如止水”的境界。这种虚静的心境不仅有利于习武者凝神聚气、专注修炼，还能使习武者与自然的韵律相融合，达到“天人合一”的境界。

在武术实践中，只有心境虚静，才能凝神专注、气聚神凝，从而达到身心合一、与自然相融的境界。太极拳作为典型的内家拳，尤其注重“虚静”之道。太极拳练习者通过静坐、闭目、调息等方式，使心境保持空明、平和，再以此为基础进行拳法练习，从而体悟自然之道。在武术创造中，虚静心境的重要性不言而喻，只有在虚静之中，习武者才能准确把握武术技法的精髓，达到身心合一、形神兼备的境界。

虚静意蕴作为中华武术审美意象再造的思想基础，既源于中国养生理论和艺术创造的传统，又体现在武术实践的修炼过程中。在中华武术审美意象再造的过程中，虚静心境是必不可少的条件，它既是习武者与自然相融的途径，也是创造和体验武术之美的重要手段。

（二）师法自然

在人类的发展历程中，自然界一直扮演着重要的角色，其丰富多彩的景象、神奇的现象，以及生物的多样性都深深地影响着人们的思维方式和审美情趣。这种影响不仅体现在日常生活中，还渗透到了艺术创作领域，其中包括武术这一古老而精妙的艺术形式。考察中华武术的审美意象再造，不难发现“师法自然”的理念是其逻辑起点。

武术强调师法自然，武术动作的创造和演化是从大自然的生化衍变中获得灵感和启迪，并结合技击需要，“近取诸身，远取诸物”的结果[①]。武术动作的外在形态深受自然界的启发。观察自然界中动植物的动作，可以发现它们身姿的灵活、动作的矫健、速度的敏捷都成为武术动作的来源。例如，虎的猛劲、蛇的柔韧、鹤的舒展等，都被巧妙地融入了武术的技法之中，形成了各种富有生命力的武术动作。这种动物形象的模拟不仅使武术动作具有了视觉上的美感，同时也赋予了它们丰富的内涵，反映了人类对自然界生命力的理解和崇敬。

武术动作的命名也充分展现了“师法自然”的美学思想。许多武术动作的名称都来源于自然界的动植物，如“龙形”“虎形”“鹤拳”等，这些名称生动形象、富有趣味，同时也传递着对自然界生命力的崇敬和对和谐统一的向往。通过这些富有生命气息的名称，人们不仅可以感受到武术动作背后的丰富内涵，还可以与自然界建立起密切的联系。

此外，武术拳谚也是“师法自然”思想的体现之一。拳谚中所运用的比喻和象征往往源自自然界的物象，如“动如涛，静如岳，起如猿，落如雀，站如松，立如鸡”等，这些拳谚生动地描绘了武术动作的特征和内涵，使人们更加深刻地体会到自然界的生命力和美妙之处。

中华武术审美意象再造是建立在“师法自然”的基础上的。通过对自然界的观察和体悟，武术创作者从中汲取灵感，创造出了丰富多彩、富有生命力的武术形式。这种“师法自然”的美学思想不仅使武术动作具有了深刻的内涵和生命力，也使人们更加深刻地了解和敬畏自然。在当代社会，这种美学理念仍然影响着武术的传承与发展，为人们带来了丰富、深刻的艺术体验。

（三）武术意象

中华武术审美意象再造是围绕审美意象思想展开的，而武术审美意象的生成

---

① 朱岚：《中国传统文化》，国家行政学院出版社，2013。

主要源于感悟自然物象形成的“自然意象”、审视人体自身形成的“身体意象”、观照社会人生形成的“人生意象”三大部分。作为逻辑起点的“师法自然”思想可谓中华武术中的“自然意象”的有力实证；而作为一项既是审美主体又是审美客体的人体运动，武术技术动作的展示离不开对人体自身的审美观照而积淀的“身体意象”；武术的行为主体也离不开在社会背景观照下所形成的人文诉求的“人生意象”。

审美意象存在于审美主体的内心世界，要转化为可见、可听、可感的艺术形象，需要用一定的物质符号加以外化，其思想根源来自图腾崇拜思想。原始图腾是一种思想观念的符号化，是“意象思维”的萌芽。通过图腾，传达人类的遐想和对自然生命力的崇拜。图腾崇拜思想决定了以符号化的物质形式来替代人的内心观念，是虚拟意识，激发了中国意象思维的产生，使“意象”成为中国传统美学的重要特征。中华武术中的很多图像符号实际上都是图腾崇拜思想的产物，也是意象思维的反映。

1. 武术图像符号

武术图像符号的审美意象源自其深刻的哲学内涵和象征意义，既是一种艺术表现，也是对人生、宇宙等深刻议题的诠释。

中国武术协会会徽采用的阴阳鱼太极图，作为一种图像符号，蕴含了中国传统文化中阴阳思想的精髓。阴阳鱼太极图所展现的阴阳交错、生生不息的宇宙生成模式，揭示了宇宙中万物相生相克、相互转化的规律。这种图像符号不仅是一种形式的象征，更是对宇宙生命之美、智慧之美的寄托和诠释。

阴阳鱼太极图所蕴含的哲学内涵，包括圆形的无限循环、阴阳互根相生、曲线的螺旋发展等，体现了中国传统文化中丰富的生命哲学和辩证思维。通过这种图像符号，人们可以感受到宇宙万物的和谐统一、生命的无限循环，以及事物发展变化的规律，从而体验到生命之美、智慧之美在宇宙中的展现。

此外，武术图像符号的审美意象还体现在其对太极拳等武术形式的象征意义上。太极拳作为中国传统武术的代表之一，以太极图为理论依据，将阴阳哲学融入拳法之中，体现了拳法与宇宙规律的密切关联。太极拳的推手动作被喻为太极图的阴阳消长，刚柔相济、生生不息，使武术练习不仅仅是一种身体技能的培养，更是一种对宇宙之美、生命之美的体验和领悟。

武术图像符号的审美意象不仅体现在形式之美上，更体现在其所蕴含的深刻哲学内涵和象征意义中。通过这些符号，人们得以窥见宇宙之美、生命之美的奥秘，体验到生命与宇宙之间的和谐统一，从而获得一种美的享受和启迪。

2. 武术阐释文本

武术作为一种文化现象，不仅在实践中展现了动作技艺的高超水平，还深刻地反映了中国传统文化的审美意象。形象化的表达成为中国传统文化的一大特色，如汉代书论中就运用了大量形象化的语言，使人们置身于天人宇宙之间，得以仰观宇宙之大，品察万象之美，产生形象的联想与丰富的美感。这种立象以尽意的思想在中国传统文化中得以体现。

中华武术作为中国传统文化的重要组成部分，也受到了形象化思维的影响，自然界的变化规律和生命现象成为武术技击动作规律和意蕴的源泉。武术家将这些自然界的规律和现状融入自己的感情和技击意识中，形成了一种自然意象，并通过武术实践来反映这种意象。在古代武术相关表述中，武术家已经不自觉地运用了自然意象。例如，某些武术动作与动物的特点相结合，展现了对自然界生物的模仿。武术拳谱中也记录了许多与自然界相关的形象化描述，这些描述不仅仅是动作形态的描绘，更是对动物内在本性的把握。

文字作为反映思想情感的象征符号，在中华武术文化中扮演着重要角色。例如，“武”字本身就是一个意象，能使人们自然联想到“击打”的原始意象。历史上留下的武术拳谱等文献记录了丰富的武术意象，这些意象不仅具有传统美学意义，还赋予了重要的训练价值。拳家通过动物、植物等自然元素来形象化地描绘武术动作，引导人们领悟其内在的意义，这些构成了中国武术美学思想中的审美意象。

从生命美学的角度来看，太极拳可理解为一种“象形拳”，但与其他形式的象形拳不同，太极拳的象征韵味更加丰富，其包罗万象、至高至大。太极拳通过展现自然界的各种现象，取其内在的意蕴，给人带来一种“借物传情”的愉悦感受和审美情调，这体现了武术与自然和谐、与宇宙合一的思想。

武术阐释文本中的审美意象既受到语言和文字的影响，又受到自然界的启发，形成了一种丰富多彩的审美体系。这种审美体系不仅反映了中国传统文化中的形象化思维方式，还体现了中华武术文化与自然界的紧密联系，为人们带来了视觉和情感上的愉悦和启发。

3. 武术人文思想

武术意象所承载的人文思想在中国传统文化中占据着重要位置。通过武术图像和拳理文本的传播，人们对于武术所蕴含的思想情感可以有更深层次的理解，进而可以将其内化为一种人文精神的追求和表达。

古代武术通过原始武舞的形式，展现了人们对生命力量的赞叹和对高超武术的颂扬。在汉朝，“佩剑”之风盛行，无论文官武将，都佩戴着剑，这不仅仅是简单的武器携带，还是一种高雅的象征。剑在武术中被尊为“百兵之君”是源于剑所具备的独特风格和特性，这使得剑成为丰富多彩的“武术意象”。

武术意象训练既是一种技术练习，又融入了武德修养的人文诉求。武术意象训练不仅注重技击技术的提升，更强调人文情感的表达。通过将技击、虚拟对手、战斗场景贯穿想象之中，武术意象训练既满足了人类求胜的本能诉求，又展现了一种艺术化的审美效应。在这个过程中，残酷和血腥的打斗被转化为一种艺术化的格斗意象，使得武术不仅仅是简单的技击，更是一种精神追求和文化表达。武术意象训练体现了“形”与“意”的统一，是对“立象以尽意”思想的生动诠释和体现。

武术意象所蕴含的人文思想是多元且丰富的。它不仅反映了古代人们对生命力量和武术的崇高赞颂，更展现了武术技艺背后的道德修养和情感表达。通过对武术意象的传承和发扬，人们可以不断丰富和深化自己对于文化与精神的理解，这使得武术成为一种跨越时空的文化符号和精神追求。

（四）境生象外

“境”“意境”“境界”作为中国传统美学思想的范畴，在艺术理论和审美实践中扮演着重要角色。

从“境”的定义来看，其本义指“地域”，最早由东汉的蔡邕引入艺术理论中。在中国美学中，“境”指心所感知的外物，而“境界”则指个体的自我意识所达到的境地。“意境”作为中国美学独特的范畴，可以引发人们的审美愉悦。“境”“意境”“境界”的提出和研究，引发了中国美学史上对审美价值的探讨。“境”常被作为衡量审美价值的标准，而与“境”相关的“意境”则多用于艺术作品的审美品鉴。“境界”则多针对个体人格的审美评价，体现了对人格境界和内在品质的重视。“意境”强调审美体验中形而上与形而下、外在与内在、具象与超越的辩证统一，体现了中国传统美学中的哲学思考和审美境界。

“境”“意境”“境界”是中国传统美学思想的重要范畴，体现了对审美对象的超越性认知和哲学性思考。这些概念的提出和研究，丰富了中国美学理论体系，推动了中国美学的发展，对艺术创作和审美实践产生了深远影响。

1. 武术意境：审美意象再造的形而上追求

中华武术审美意象再造追求一种形而上的境界，被称为“武术意境”。这种意境超越了单纯的技术动作，深入观众的心灵深处，让他们在观赏武术演练时可以产生一种超越物质的美的感受。在中国传统美学思想的影响下，武术意境被赋予了独特的审美内涵，成为武术艺术的核心之一。

武术意境的构建与传统美学中的“立象以尽意”理念密不可分。意象作为一种审美行为和思想，将事物的外在形态与内在精神融为一体，通过意象的表达，实现从事实到理想的转化。在武术中，这种意象不仅仅停留在技术动作的展示上，还反映了中国传统文化中的哲学思想和审美观念。中华武术审美意象再造不仅在于形式上的美感，更在于其所蕴含的内在意蕴和精神境界。

武术意境的独特之处在于其超越了单一的技术动作，将动作、意象、情感融为一体，形成了一种综合的审美体验。观众在观赏武术演练时，不仅仅看到了拳招、器械的运用，更体验到了一种生命力量的流动、一种内在精神的抒发。武术意境之美源自其蕴含的“象外之象”“景外之景”的形而上韵味，观众可以在观赏过程中摆脱物质世界的束缚，进入一种超然的精神境界。

武术意境的营造不仅体现在技术动作的展示中，也反映在武术文本的表述中。例如，各种拳法的描述常常采用生动形象的比喻，如“起如风，落如箭”“牵势如牵绳，推势如推山”，这些比喻不仅仅是对技法要求的描述，更是在观众心中勾勒出一幅幅生动的意境画面，让其仿佛置身其中，感受到武术的意蕴与气息。

观赏武术演练时，观众通过武术技术动作的展示可以感受到生命的律动、精神的迸发。例如，观赏长拳时，人们可以感受到其节奏律动之美；观赏南拳时，能体验到生命力量的阳刚之美。这种生命力量的展现不仅仅是技术动作的呈现，更是一种内在精神的抒发，体现了中国传统文化中“天人合一”的理念。

武术意境的构建超越了技术动作的单一展示，融合了动作、意象、情感等多种元素，形成了一种超越物质的审美体验。通过武术意境的营造，观众可以超越日常的视觉感知，进入一种超然的精神境界，感受到生命的律动和内在精神的迸发，达到心灵与自然的和谐统一。

（1）虚实结合：营造武术意境的美学法则

虚实结合作为中国传统美学的重要思想，不仅贯穿中国传统艺术的方方面面，更是中国传统文化审美独特性的重要体现。虚实结合的思想贯穿中国传统绘画、雕塑、建筑等艺术形式中，体现了中国传统美学对于形象表现的独特追求和深刻意蕴。

在中国传统美学中，意境被视为一种体现了“道”的思想有无相生、虚实结合的精神。通过“超以象外，得其环中”的形象描述，表达了虚实结合所能创造出的无限意境和广阔想象的审美空间。这种“超以象外，得其环中”的虚实结合，不仅使观众感受到作品的内在气韵，更让作品蕴含的意蕴得以充分展现，给人以深远的艺术享受。虚实结合的实质是虚，而虚所蕴含的空灵美正是中国传统美学追求的最高境界之一。通过虚实结合，作品不仅具有实在的存在感，更蕴含着超越具象的无穷意蕴，使得观众能够在审美过程中获得深层次的思考和体验。

武术套路演练作为中国传统艺术形式之一，在每个动作的设计和表现中都体现了虚实结合的重要性。每个动作都存在虚实之分，习武者只有理解和把握这种虚实关系，才能更好地展现出武术的技击特点和独特韵味。武术动作中的虚实结合，既体现了技击的实用性，又蕴含着审美意义。通过动作的设计和表现，习武者不仅能够展现出技击的力量和速度，还能够呈现出虚实结合所创造出的意境美感，使得观众在观赏过程中获得身心的愉悦和满足。

第一，虚实结合营造了武术演练的战斗意境。虚实结合在武术演练中扮演着关键角色，可以营造出一种战斗的意境，使得观众在虚拟的战斗场景中感受到真实的战斗氛围。套路演练作为一种艺术形式，通过模拟战斗的场景，将实际招法与虚拟对手的攻击结合起来，达到一种“韵外之致”“言外之意”的效果，从而使观众沉浸其中，产生无限的遐想。这种虚实结合的思想不仅赋予了习武者一种专注应对假想对手的能力，还使得演练过程充满了艺术性和想象力，消解了武术中的暴力元素，展现出一幅和谐统一的画面。

在武术训练中，虚实结合的思想同样得到了应用，尤其是在徒手格斗项目中表现突出。在训练过程中，习武者与虚拟对手进行交锋，虽然对手是“想象中的”，但习武者需要将自己的动作与虚拟对手的攻击相结合，以体验战斗的意境。这种意境训练不仅让习武者更加专注，更使得他们的格斗训练不再局限于简单的技术练习，而是融入了更深层次的内涵和精神。通过意象训练，习武者不仅可以体会到真实战斗中的各种情境和技巧运用，还展现了中华武术重视直觉体悟的文化特点。

虚实结合思想的应用，不仅使武术演练更具艺术性和内涵，同时也体现了一种消解暴力的美学意蕴。通过将搏杀过程转化为意象训练，虚拟对手可以成为练习中的“攻击意象”，动作则成为一种“格斗意象”，从而在展现搏杀技巧的同时消解其中的暴力元素。这种转化既不失武术演练的内在精神，又使得观众能够领悟到武术蕴含的意义和美感。此外，虚实结合思想在武术演练中的应用，使得习武者与观众都能够在虚拟的战斗场景中获得真实的战斗体验，同时展现武术内在的美学意蕴。这种思想的运用不仅可以提升武术演练的艺术性和观赏性，还能体现中国传统文化中重视和谐、内涵的审美取向。

第二，武术套路技法中的虚实结合思想。武术套路技法中的虚实结合思想体现了对力学原理的运用和对战术策略的深刻理解。虚实并非简单的全虚或全实，而是随着重心的偏移和动作的进行不断变化。在套路技法中，“虚步”“马步”等动作的重心在支撑腿上或在两腿之间，实现了虚实的对称平衡，使得身体重量得以合理分配，从而保持了身体的稳定与灵活。另外，各种套路中的虚实动作如长拳的“四六步”“三七步”“丁步”“虚步”等，形意拳的“三体式”，南拳的“跪步”“骑龙步”，以及八卦掌的“趟泥步”等，都是在身体重心偏转的基础上产生的，它们通过动作的变化展现出不同的虚实关系。

太极拳作为典型代表，更是将虚实结合发挥到了极致。太极拳强调“意气须换得灵”，要求打拳时的情境要与身法相得益彰，呈现出一种天人合一的境界。虚实的变换需要注意保持身法的灵活，以达到周身轻灵的效果。这种虚实的变换不仅体现了太极拳的技术精髓，更展现了一种灵活、自如、变幻莫测的美感。

在战术策略中，虚实结合也是至关重要的。战术中虚实结合的关键，即通过虚实的交替和变化，使对方难以捉摸和辨别真假，从而制造出出其不意的攻击。虚实结合的运用可以使战术变得难以捉摸，通过使用能而示之无能、用而示之不用的战术手段，习武者可以达到出奇制胜的目的。另外，习武者在战术中要审时度势，抓住对方虚实之间的空隙，从而取得战斗的主动权。

武术套路技法中的虚实结合思想不仅体现了力学原理和对战术策略的深刻理解，更展现了武术运动的技术精髓和美学内涵。虚实的变换和交替可以使动作在表现力和迷惑性上得到充分发挥，达到技术与艺术的完美统一。

第三，武术散打运动中的虚实结合思想。武术散打运动中的虚实结合思想是一种高度复杂的战术策略，涉及实招与虚招的交替运用、实劲与虚劲的精准把控，以及攻击距离、时间节奏、击打方向的巧妙安排。这种思想的核心在于通过表面的虚实转换来迷惑对手，从而掌握主动权，达到有效进攻的目的。

实招与虚招的交替运用是虚实结合思想的基础。在武术散打运动中，运用这种思想的组合动作，通常通过先发出虚招来刺探对手的反应或干扰对手的判断，然后突然转为实招进行攻击。例如，在“前冲拳—前冲拳连续进攻”或“前冲拳—后冲拳交叉进攻”的组合动作中，第一拳的攻击往往为虚招，目的是引诱对手做出防守动作或调整姿势，从而为后续的实招创造机会。这种虚实结合的思想旨在迷惑对手、消耗对手的体能，从而为自己赢得优势。

攻击距离、时间节奏、击打方向的巧妙安排是实现虚实结合的关键。在武术散打运动中，习武者可以通过控制距离、变换节奏、改变击打方向来迷惑对手，制造出攻守转换的机会。例如，通过虚晃动作引诱对手做出错误判断，然后迅速发起攻击；或者采取以退求进的策略，装作漫不经心的样子，然后突然发起进攻，使对手措手不及。这种战术策略的实施需要运用准确的步法和灵活的身体协调能力，才能达到最佳效果。

不同拳法和腿法之间的交互组合也是实现虚实结合的重要手段。在武术散打运动中，直线拳法和弧线拳法、直摆性腿法和屈伸性腿法之间的转换和组合，可以制造出更加复杂多变的攻击形式，从而增加对手的防守难度。例如，通过冲拳引诱对手做出防守动作，然后突然转为掼拳或抄拳进行攻击；通过劈腿或扫腿引诱对手将注意力集中在下肢，然后突然转为蹬腿或侧踹进行攻击。这种拳法和腿法之间的交互组合，不仅可以增加攻击的成功率，还能增加对手的防守难度，为自己赢得更大的优势。

（2）化境：武术意境的最高境界

化境在武术中被视为最高的审美境界，是一种超越形式、超越物我、超越现实的境界体现。化境体现了中国传统美学对于"变化""教化"等诸多命题的关注，意味着超越凡俗、超越个体、超越形式的境界。化境旨在超越人与物、物与物之间的对立，达到一种内心与自然和谐统一的境界。

在武术中，化境的追求表现为对动作、姿态、意境的高度凝练和升华。与"画境"相比，化境更加强调神似而非形似，注重意境的内涵而非外在的形式。练习武术不仅要求技术精湛，更需要达到一种心境的平和和内心的超脱。

化境往往给人一种虚空之感，但这并非真空，而是一种生命的意味。这种"空"既包含生命的灵动感，又具备生命的整体感，是静中有动、虚中见实的境界。这种空非彻底的虚无，而是在虚中见实、实中见虚的境界中，达到物我合一、意境超脱的境界。在这种境界中，习武者通过"神思"与自然、与世界、与万物相融合，超越了物质世界的限制，创造出意境深远、内涵丰富的作品。

中华武术审美意象再造往往需要经历反复的体验和实践，才能达到对武术动作无穷韵味的深刻理解。通过思维的碰撞和心物的交融，才能创造出意境深远、意象丰富的审美作品。中华武术审美意象再造既需要习武者的深刻理解和感悟，也需要通过实践和体验，使其内化为心中的意境，最终呈现出充满生命力和艺术魅力的作品。

2. 人格境界：武术意象的人文精神提升

境界在中国哲学和美学中具有重要地位，因为它反映了人与外部世界的关系。每个人根据自己的知识结构、价值标准和审美眼光形成了独特的境界，而人格境界本身就是一个美学问题。

随着武术的发展，其意象逐渐脱离了原始的野蛮和残酷，被赋予了艺术化的色彩，不再局限于技术层面，而是上升到人文层面。当武术与社会发生关联时，某些武术行为就被提升为习武者的一种人格境界。

通过武术意象体现的高尚品质和道德准则，习武者能够塑造自己的人格境界，并通过武术行为来传递这些价值观念。这种人文精神的提升不仅体现在武术技艺的表现上，更体现在习武者的思想道德修养和社会责任感上。因此，武术不仅仅是一项有利于身体技能提高的运动项目，更是一种提升人格境界和超越精神境界的有效手段。

总之，武术意象所代表的人文精神提升了武术的意义和价值，使其不仅仅是一种技术和技能的积累，更是一种文化传承和人格塑造的过程。通过武术意象的再造，人们能够感受到其中蕴含的高尚品质和道德准则，从而提升自身的人格境界，促进社会的和谐发展。

第三节　中华武术技艺审美的理想表达

形神兼备是中华武术技艺的练习原则，同时，因为“形”“神”“以形传神”等都是中国传统美学思想的审美范畴，所以“形神兼备”体现了人们对中华武术技艺审美的理想表达。“形”“神”问题也是中国养生理论中的重要命题，是“象”与“意”的关系问题，因此，中华武术对技艺的练习要求既体现了中华民族的“文化意象”，又是对人体之美评判的“身体意象”思想的映射。

“形”是武术动作外在的架势结构，其审美标准源于生活实践中对客观物象抽离出来的“意象”在武术动作中的应用；“神”是习武者内在的战斗意念、精神气质以及二者融合后所达到的高超技艺境界，是“物我合一”思想的映射。

一、中国传统美学思想与不同的审美评判标准

（一）形神观念是中国传统美学的重要思想

中国传统美学中的形神观念是一种重要的思想，贯穿中国传统文化的方方面面，尤其在美学和艺术领域中占据着重要地位。自先秦时期起，人们就开始关注形神问题，从易经中的“形而上者谓之道，形而下者谓之器”以及道家的“大象无形”等思想中就能窥见形神问题的重要性。汉末以来，这一问题得到了广泛的讨论，并逐渐形成了丰富的理论体系，深刻影响了美学和艺术领域的理论发展。

六朝时期，出现了“以形写神”和“传神写照”等思想，其中以东晋画家顾恺之的“传神写照”“以形传神”观点最为著名。他强调在绘画中要捕捉人物的神态和气质，并将其表现得栩栩如生，以达到传神写照的境界。这种观点反映了汉代以来哲学形神论在艺术实践中的具体应用，是对形神关系的一种理论落实。顾恺之的形神观点从重视人物的眼神逐渐转向重视人物的神态和气质，使艺术作品更具生命力和内涵。

随着时间的推移，唐宋时期中国传统美学中“重神轻形”的思想日益凸显。王羲之提出书法要重视“风神”，强调作品的神韵和灵气；王僧虔则在书法美学上提出了“神采”说，认为书法之美在于内在的“神”和外在的“采”的统一；徐寅更是强调诗歌创作要形神兼备、不露风骨，才能称得上是妙手。这些观点都反映了在唐宋时期中国传统美学中对于形与神关系的深入探讨。形神相辅相成，形神合一的思想在这一时期逐渐形成。

明清时期，“不似之似说”成为中国传统美学的新理念，其继续探讨了形神关系。张怀瓘强调“风神骨气”居于上位，强调了重神轻形的重要性；王夫之则指出形与神的结合是生物之妙，强调了形神合一的重要性。这些思想进一步丰富了中国传统美学中的形神观念，为后来的美学理论提供了重要参考。

综上所述，中国传统美学中的形神观念是一种重要的思想，从先秦时期至明清时期，经历了漫长的发展历程。形神观念的形成和发展反映了中国传统文化对于形与神关系的深刻思考，其对于美学理论的形成和艺术实践的指导起到了重要作用。

（二）不同的审美评判标准取决于不同的价值取向

不同的价值取向决定了不同的审美评判标准，这一观点对各个领域都有深远

的影响，尤其在艺术和体育领域。审美标准的形成既受到个体的主观意识和文化背景的影响，又受到社会价值观念和时代背景的制约，因此不同的价值取向会导致对审美对象的不同评价，以及对审美活动的不同感受。

中华武术作为一门古老的武术体系，其在发展历程中形成了套路演练类和格斗对抗类两种主要类型。这两种类型的武术虽然都具有技击性，但由于价值取向的不同，呈现出了截然不同的审美特点。套路演练类武术强调的是“虚拟实践”的意境美，运动员在演练中追求将技击意念和神情表现得淋漓尽致，体现了一种虚拟战场上的美感。这种审美体验主要体现在对动作形式的赏析上，强调动作的美学效果和技巧的巧妙运用，使人感受到一种超越现实的美的意境。

在审美的普遍性层面，套路演练类武术更强调动作外形的美感，突出了形神兼备的“中和”美。形美是初级的、肤浅的，而神美则是高级的、深奥的，是一种超越外在形式的内在意境美。形美是便于直观欣赏的对象，而神美则是依靠理性思维来把握的对象，二者相辅相成、相互依存。因此，套路演练类的武术审美标准更多地体现了对形与神关系的深入思考，强调形神合一的审美理念。

相比之下，格斗对抗类的武术，如散打运动，则更加注重直观的实践对抗，强调的是技击的实用性和直接的战斗感受。散打运动以两人按一定规则进行徒手对抗为主要特点，呈现出的是一种直观的技击感受，体现了人的勇敢搏斗和生命力的张扬。在远古时期，厮杀、格斗是人类生存的主要手段，因此散打运动中所展现的生命力成为人们内心深处的“生命意象”，呈现出一种原始而直接的审美体验。

不同的价值取向决定了不同的审美评判标准，这一观点在武术领域尤为显著。套路演练类的武术强调形神合一的审美理念，追求动作形式的美感和技巧的巧妙运用，体现了一种超越现实的意境美；而格斗对抗类的武术则更注重直观的实践对抗，体现了人的勇敢拼搏和生命力的强大，呈现出一种原始而直接的审美体验。

二、武术动作中“形”所蕴含的美学思想

“美”不是物质实体，它必须以某种物质实体或形式为价值载体，所以，外在形式就成为审美对象的基本条件。可以说，形式是美的支撑，是创造美的质料。形体即身体的形态或体态。人们常说的形体美主要指身体表面令人赏心悦目的形

状和姿态，主要表现在可以直接付诸视觉的身体外部形状和体态上。形式美主要指某些事物的外形因素和组合关系被人的感官感知，从而引起人的审美感觉产生想象和联想等一系列的感情活动，这种形式美就成为人类共同的审美对象。“寓变化于统一”是形式美的基本原则，是对称、平衡、对比、协调、比例、节奏等规律的集中体现。

武术是人体活动，离不开对人体的审美评判，因此，武术之美首先体现在具有动作技术结构的人体之美上，反映了美学原则中形式美的一般规律，体现出人们对身体审美评判的“身体意象”。

中西美学思想中对“形”的审美观念具有不同的理念和价值取向，这些观念和价值取向在审美活动中对于人们对外形美的认知和评价产生了深远的影响。西方美学强调对事物外形的真实摹写和精雕细刻的逼真，将“形”作为审美活动的主要对象之一。相比之下，中国传统美学则更加注重对“形”的内涵和意蕴的体现，将“形”视为“传神”的载体，突出了形神兼备的审美理念。

西方美学中关于“形”的认识主要体现在对人体外形的描绘和人体解剖结构的研究上。西方美学以形态为基础，通过对身体外形及内在解剖结构的描绘来追求一种成比例的、相称均衡的、理想的形。古希腊人将裸体视为展现“形”的最佳方式，认为裸体能够最直观地表现出人的存在、身体的力量、生命的纯洁和美丽。他们将人体视为最美的艺术对象，并借此发展了黄金分割律等关于人体美的规律法则。西方美学对于“形”的思想认识，突出了其对外形结构和比例的重视。

相比之下，中国传统美学对于“形”的理解更加含蓄和细腻。中国传统艺术中对人的身体的表现更加内敛，更注重对人整体形象和神韵的表现。中国古人认为，形是处于不断运动和发展中的，而非静止不变的。他们将“形”视为发展过程中状态的表现方法，而非追求最终的静止形态。在中国传统美学中，“形”的表现通过生命流动的线条和色彩的调和来传达，强调了形象的生动和变化。甲骨文、战国时期的人体标准，以及中国书法和绘画中线条的运用，都体现了中国传统美学对“形”的审美情趣。

尽管中西美学在对“形”的理解上有所不同，但它们都认同形式美及其一般规律或特征对于审美活动的重要性。无论是西方美学还是中国传统美学，都强调对称、协调、均衡的比例和多样统一的审美标准，并且将形式美作为审美活动的重要内容之一。形式美所体现的整齐、对称、均衡、多样等形式结构，成为审视客观事物外形美的一般标准。在武术领域，武术动作的外形结构、服装的形式和色彩的和谐等方面，都体现了中西美学关于“形”的审美理念，是人们感知武术美的重要因素之一。

（一）武术套路演练中“形”的美学思想

1. 比例和谐的人体美学思想

对于武术中的人体美学思想，一个重要的概念是比例和谐。这一概念体现了审美活动对于人体外形的理想化要求，强调了身体各部分之间在比例上的和谐关系。这种审美思想既受西方美学的影响，又融合了中国传统美学中的理念，在武术套路演练中得到了广泛应用。

现代竞技武术套路在制定标准时借鉴了西方体操的竞赛规则，强调对动作外形的要求。这种借鉴表明了中西美学在人体形态审美标准上存在着某种共通之处。武术套路的动作结构追求舒展大方、姿势优美等外在造型，这体现了中国传统美学对于形式美的重视。同时，武术套路的形式美还体现在动作的齐整、参差、主次、均衡、对称、对比、呼应、比例、协调等方面，这些特点正是对于形式美的一般审美标准的具体体现。

传统武术虽然侧重于实践技击，但对于“形”的规范同样有着自己的要求。传统武术的动作更注重实践性，因此在形态上强调“合一”和“中正”。尽管功架不同，动作似曲非曲、似直非直，但从身体的各部分比例来看，仍然符合人体美的审美标准。传统武术的动作要求习武者按照动作规格认真训练，这也表明了古代人们对于形式美的重视。

现代竞技武术套路与传统武术动作虽然在价值取向上有所不同，但都强调对于“形”的关注和规范。现代竞技武术套路追求外形舒展大方、姿势优美，注重撑筋拔骨、放长击远，以体现身体比例上的均衡、匀称。传统武术更注重实践技击，虽然动作形态上强调“合一”和“中正”，但同样追求身体各部分比例的和谐关系。这种对于人体比例和谐的审美标准既体现了西方美学的思想，又融合了中国传统美学的理念，为武术套路演练提供了审美指导和标准化要求。

2. 动作节奏的“韵律美”思想

在中国传统美学中，动作节奏所体现的“韵律美”思想十分重要。动作节奏作为单个动作虚实、刚柔、轻重、缓急的有机组合，既承载着生命律动的韵味，又展示了动作流中意象群的协调与美感。在探讨“韵律美”思想时，不可避免地要探讨“韵”的概念。“韵”起源于音乐美学，但在中国传统美学中得到了广泛应用，并渗透到了诸多艺术领域，包括绘画、书法、舞蹈以及武术等。在这些艺术领域中，“韵”体现了一种和谐的美感，强调生命的律动与意味的丰富。

“韵”作为一种和谐的美学范畴，强调了生命律动的节奏之美。“韵”最早用于音乐，指的是一种清雅、和谐的音调情态，体现了绵绵不断、余味不尽的音韵美感。这种和谐不仅仅局限于声音，还延伸到了人物的品格和精神境界的审美评价中。在绘画、书法等艺术领域，“韵”更是被视为生命的律动，是一种活生生的生命暗示。“韵律美”并非简单的静态美，而是源自生命的节奏、律动，体现了与生命律动观照的思想相契合的美学理念。

武术作为一种艺术形式，也深受“韵律美”思想的影响。在武术套路演练中，动作节奏所展现的韵律美不仅仅是简单的动作组合，而是融合了阴阳思想、刚柔相济的哲学思想，并通过节奏的变化，体现生命律动的韵味。动作的快慢、轻重、缓急都呈现出一种生机盎然、流动美的特征。这种韵律美的体现，使得武术套路演练成为一种有生命力的舞蹈，展现了人的肢体语言中蕴含的生命律动，可以使观众在欣赏过程中产生共鸣，感受到生命的节奏与宇宙的韵律相互交融。

另外，武术动作中的阴阳思想也赋予了“韵律美”深刻的内涵。阴阳的对立统一体现在武术动作的快慢、刚柔、虚实等方面。这种阴阳思想赋予了武术动作节奏的多样性，使得动作在运动中既有力度的张扬，又有柔美的流畅，从而呈现出动与静、刚与柔、阴与阳的完美结合。刚柔相济在武术动作中得到了生动的诠释，体现了中国传统文化中阴阳互补的中和思想，使得武术动作更具有内涵和深度。

“韵律美”思想在武术动作节奏中的体现不仅仅是一种形式上的美感，更是一种生命的律动，是人体与宇宙之间产生共鸣的表现。通过动作的快慢、轻重、缓急的协调组合，武术套路演练展现了生命的律动与意象的整体协调，使观众在欣赏中感受到生命力量的流动与宇宙韵律的共鸣。因此，武术动作节奏的“韵律美”思想，既体现了中国传统美学的精髓，又展示了人类对生命、自然的深刻感悟，是一种融合了艺术、哲学与生命力量的综合表现。

3. 器械演练体现“身械合一”的美感

器械演练在武术套路演练中扮演着不可或缺的角色，作为手臂的延伸，它既是技击的工具，也是武术外形之美的重要表现载体。器械演练强调“身械合一”的美感，即身体与器械之间紧密结合，通过相互配合、协调运动，呈现出一种整体的和谐之美。

从身体与器械的结合角度来看，“身械合一”要求器械的运动顺应身体姿势的运行方向，与身体的姿势形成一种协调、和谐的关系。在演练过程中，器械的运动轨迹应与身体动作的节奏和力度统一，使得器械看起来像是身体自然延伸出的一部分，而不是独立存在的外在工具。这种身体与器械的紧密结合，不仅可以增强演练的稳定性和流畅性，也可以使观众更加真切地感受到动作的连贯性和整体性，从而产生一种身体与器械相融合的美感。

从器械的选择和运用角度来看，“身械合一”要求器械的使用与武术动作所表现的“意象”和谐统一。在演练过程中，选择合适的器械并将其运用到武术动作中，不仅要考虑器械的功能性和实用性，更要与动作所要表达的意蕴和内涵相契合。例如，在表现野性、勇猛之美的动作中，选择合适的器械并配以有力的眼神，能够更好地突出阳刚之美和生命力之美。因此，在器械演练中，不仅要进行技术动作的展示，更要通过器械的选择和运用，将动作融入特定的意境中，使观众在欣赏的过程中能够感受到内外统一的美感。

“身械合一”的美感体现了器械演练的独特魅力，它不仅要求动作的流畅和稳定，更要求器械与身体之间的密切配合和动作与意象之间的和谐统一。这种美感不仅体现在动作的外在形态上，更体现在动作背后所表达的内在情感和内涵上。因此，器械演练通过“身械合一”的美感，呈现了一种独特的武术美学，使得观众在欣赏的过程中能够感受到一种身心统一的和谐美。

4. 演练服饰、器械装饰中的美学思想

武术套路演练中的服饰和器械装饰蕴含了丰富的美学思想，反映了中国传统文化中的审美观念和价值取向。

从服饰的选材和设计上来看，武术演练服饰一般采用柔软、弹性较好的丝绸或棉质面料，这不仅体现了丝绸之路留下的古老文明，更重要的是通过宽松、肥大的设计，可以展现出一种飘逸、洒脱的美感。这种服饰风格不仅让习武者在动作演练中感到舒适自在，同时也可以遮蔽身体关节的凸凹之处，体现出中国传统美学追求流畅、连贯、自然的线条美思想。

色彩在武术演练服饰中扮演着至关重要的角色。不同色彩所带来的视觉冲击和传达的情感意蕴，对演练的氛围和效果起着至关重要的作用。例如，白色常常被用来配合太极拳柔和缓慢的动作，营造出一种静谧、幽雅的氛围，体现了“天人合一”的美学理念；红色常被运用于具有激烈、勇猛特点的动作中，如刀术演练，通过运用红色，突出刀法的强劲有力，使得观众能够更加直观地感受到演练的气势；黑色常被用于表现稳重、沉着的动作，适合南拳等武术动作，能够突出其刚毅、威严的特点，使习武者实现心灵与身体的和谐统一。

武术演练中的器械装饰也是不可忽视的一部分。刀彩、枪缨、剑穗等装饰不仅具有美观的功能，更在演练过程中起到了一定的警示作用，同时增添了演练的气势和威力。

与西方体操服相比，中华武术服饰的差异体现了中西美学思想的差异。中华武术服饰更注重宽松、自然的设计风格，体现了中国传统文化中含蓄、内敛的审美取向，强调了“身械合一”的理念；而西方体操服则更注重身体轮廓的展示和肌肉线条的突出，彰显了西方美学对生命力量和身体美的追求。

（二）武术散打运动中“形”的美学思想

1. 动作外形

散打运动作为一种现代竞技体育项目，凸显了人体外在形态与内在生命力之间的协调关系，体现了人的力量和审美观念。从动作的外在形态来看，散打运动员经过系统的身体素质训练，展现出肌肉发达、身材匀称的外在形态，以及人体的曲线美。肌肉的发达和富有弹性，以及身材的匀称与协调，给观众带来了刚健、坚强、粗犷、豪迈、富有生命活力的美感。

从历史和文化角度来看，散打作为原始的格斗术之一，反映了人类在远古时期的生存手段，是对人的内在生命力的颂扬。这种格斗动作不仅是一种生命本能的内在冲动，还是人们通过战胜对手来实现自我价值的方式之一，体现了马斯洛的需要层次理论中自我实现的最高需要层次。

在服装设计上，散打运动的服装与武术套路演练的宽松、肥大的服饰有所不同。散打运动的服装采用短裤、背心等，这样的服装既可以清晰、流畅地展现动作，又可以凸显出肌肉的强健之美。

此外，散打比赛服饰的色彩选择也体现了对技击性的强调和对核心价值的关注。黑色和红色是基本的色调，黄色为辅助色，这样的色彩选择有利于裁判员做出清晰的判罚，同时也凸显了比赛的激情火热和沉稳勇猛。这种色彩选择与散打比赛的技击性特点相互呼应，可以给观众带来视觉和心理上的刺激。

散打运动作为一种现代竞技体育项目，通过动作的外在形态展现了人的力量和审美观念。从肌肉的发达和身材的匀称到服装的设计和色彩的选择，都体现了中国传统美学思想对人体美的追求和表达，同时也反映了人类文化和历史的演变。

2. 动作节奏

在散打运动中，动作节奏被视为一种关键的美学元素，其实践价值体现在技术动作和战术的层次叠加上。

技术动作节奏的紧凑、连贯、轻重缓急、快慢相间的特点，直接反映了运动员内在战斗意念和战术策略与外在技术动作的协调统一。这种节奏不仅仅是动作的表现形式，更是运动员智慧、体能、素质、习惯等个人品质的综合反映。运动员能否掌握好自己的动作节奏，直接影响着他们能否充分发挥技术动作的效果。如果动作的节奏被打乱，则可能导致运动员失去主动权，难以施展有效的战术。

动作节奏的掌握往往体现在战术的层次叠加上。动作节奏要求轻重缓急、快慢相间，以确保整体战术的连贯性。不同战术间的衔接必须紧密，而整体战术的层次叠加则需要在快速灵活与稳准有力之间找到平衡。叠加战术的运用往往采用先轻后重的方式，先期战术用以刺探对方或干扰对方，后期战术则侧重快速重击，以迅速占据优势地位。

动作节奏在散打运动中不仅仅是一种表现形式，更是技术和战术相结合的体现。通过动作的紧凑程度、连贯性、轻重缓急、快慢相间的变化，运动员能够有效地实现自己的战术意图，取得胜利。因此，动作节奏不仅仅是运动员身体素质和技术能力的展示，更是运动员智慧和战斗意志相结合的结果，体现了武术运动的高度艺术性和美学价值。

三、“势”为武术彰显生命力的美学思想

“势”作为中国传统美学的核心思想，在文学、书法、绘画等艺术领域具有重要地位。其最初出现于中国的书论之中，后逐渐延伸至文学批评等领域，成为审美评价的重要标准之一。对于“势”的理解，早期文献中常将其解释为“力”，强调动态性和表现力。在现代汉语中，“势”与“力”时常并称为“势力”，强调了势的含蓄和内涵。

“势”的理论根基可以追溯至中国传统哲学中的阴阳思想。阴阳相互作用后，形成了回荡、相摩、相荡之力，表现出一种生命的动力和气象。因此，“势”不仅仅是一种力量的表现，更是一种气象的展示，体现了万物生长、运动的规律。在中国书法和绘画等艺术中，创作者经常强调作品中所蕴含的“势”的美学内涵，多位创作者都对此进行了深入阐发。

“势”作为中国传统美学的核心思想之一，其通过外在形式构成因素的内部冲突，彰显了“力”的概念，给人以强烈的动感和生机。在武术中，“势”通过肢体动作的时空结构变化，展现了不同的武术之“势”，体现了武术的气势之美。

因此，“势”不仅是审美评价的重要标准，还是中国传统文化中深刻的哲学思想之一，体现了中国人对于自然规律和生命力的理解和追求。

在武术演练中，“势”不仅仅是一种动作的外在形态，还是一种内在心志与外在形态的结合体。相较于简单的“形”，“势”更强调肢体动作的力度和美感，它是靠阴阳之气来升华的一种具有动态机能的力。这种力量的展现和武术动作灵活变化的特性，赋予了“势”丰富的内涵和生命力。

武术中的“势”与绘画、书法等艺术形式有所不同。绘画、书法常常是静止的、程式化的，缺乏现实生命感和力量感；而武术动作则是活生生的、流动的躯体运动，其载体是人体，富有生命活力和表现力量的美。即使在静止造型中，也能感受到“势”的动态美，体现出内在生命涌动的力量。

因此，武术之“势”具有多重意义和内涵。它不仅仅是肢体动作的外在表现，更是一种内在心志与外在形态的完美结合，是意的表现和生命力的展现。通过“势”的展现，武术呈现出了丰富的气势美和生命力，是中国传统美学中不可或缺的一部分。

（一）武术之“势”“力”“劲”的美学思考

武术的美学思考源自对“势”“力”“劲”等概念的深入探讨，这些概念不仅贯穿武术技击的实践中，还反映了中国传统文化中对于身体、力量、运动的独特认知和审美意识。接下来笔者将从造势、蓄势、劲力等方面展开论述，探讨武术之“势”“力”“劲”的美学思考。

首先，武术中的“势”被视为力量的表现形式。古代称武术为“把势”“架势”，强调通过架势的完备性和变化性来实现攻防技击的最优化。这种势的美学思想不仅在于形态的端正与流畅，更重要的是其所蕴含的攻守变化和技法运用的法则规律。“把势”即在练习中保持中正安舒、上下相随、相机而用的攻防之势，其美学价值在于体现了中和、协调、变化之美。因此，传统武术强调“势”而不重“形”，体现了一种内外兼修的审美观念。

其次，武术套路中的功架和技击体现了一种实践意义上的美学意境。通过注重功架的生动，武术套路不仅在形态上展现出流畅的美感，更重要的是通过技击展现出战斗技巧的精妙之处。这种实践意义上的美学意境，使得武术套路不仅是一种身体的表演，更是一种技击技术的传承与展示。在武术实践中，“造势”和“蓄势”是为了实现“力在其中”的目标。通过创造合理的功架和蓄积内在力量，习武者可以在实践中运用最优的技击手段。这一过程涉及力量的表现与积累，同时也反映了武术实践中的体能训练与技术提高的内在逻辑。

最后，对于“劲力”概念的深入探讨也是武术美学思考的重要组成部分。在武术中，“劲力”被视为内在力量的表现形式，是习武者在练习过程中积累的肌肉力量与技术技巧的完美结合。“武术内劲是中华武术的技击特质，是武术技艺审美评判的特有范畴，是武术技击美的内在机制。”[①] 通过力量的内化与控制，习武者可以实现技击时力量的集中与爆发，从而达到更好的攻防效果。这种“劲力”的运用既注重力量的外在表现，又强调内在力量的控制与转化，体现了武术美学中力量与技巧的完美统一。

武术之“势”“力”“劲”的美学思考贯穿武术实践的始终，体现了中国传统文化中对于身体、力量、运动的独特认知和审美意识。通过对“势”“力”“劲”等概念的深入探讨，我们可以更好地理解武术的内涵与价值，从而更好地传承和发扬武术的精髓。这种美学思考不仅仅局限于武术技击的实践层面，更是对中国传统文化中身体美、力量美、技巧美的深刻体悟和传承。因此，武术之“势”“力”“劲”的美学思考不仅是对武术本身的审美反思，更是对中国传统文化审美观念的延伸和发展，具有深远意义和重要价值。

（二）静势——武术动作造型的美学意味

静势作为武术演练过程中的静止动作造型，蕴含着丰富的美学意味和战斗哲学。首先，从“起势”到“收势”再到“定势”，这一系列动作形态展示了武术演练中的战斗意念和内在力量的结合。在“起势”中，不同拳种展现出不同的起手姿势，并且蕴含着一种蓄势待发的战斗意念，表现出临阵试敌的警备状态。通过各种不同的动作形态，习武者可以彰显出其所属门派的特色，同时准备好展开进攻或进行防守的姿态。在“定势”中，动作的突然静止或瞬间呈现出的姿态都蕴含着力量的积聚和流动，体现了武术动作内部张力的形成和释放。这种静势既是内功修炼的体现，也是战斗技巧的表现，可以给观众带来美的享受和精神的愉悦。

其次，武术动作的静态表现还涉及空中动作造型，即“空势”。在这种动作中，瞬间的空中停留展现了习武者身体的协调性和力量的掌控，如“腾空飞脚”“空中扎刀”等，这些瞬间的造型不仅具有戏剧性的美感，还体现了动作的流畅和生命力的流动。这种空中动作造型，强调了武术中动与静、刚与柔的统一，呈现出一种生命的活力和美的形态。

---

① 刘鹏、孙刚：《中国武术技艺之内劲的审美评判》，《体育学刊》2018 年第 3 期，第 23—26 页。

最后，武术动作的静态表现还体现在“势”的运用上。所谓“势”，不仅是形式上的姿态，更是内在力量的释放和张力的表现。通过形式的避让、呼应、映衬等关系，武术动作形成了内在的冲突和张力，展现出一种内在的生命力。从“起势”到“定势”，再到动作的流畅运动，习武者通过这些动作形态的呈现和变化，向观众展示了武术中的阳刚之美和生命的流动之美。这种美学意味的体现，不仅表现在动作形态的美感上，更是武术文化和战斗哲学的结合，展示了中华武术的独特魅力和深厚内涵。

（三）动势——武术彰显阳刚之美思想

武术不同于绘画、书法之处在于它是以活生生的、灵活多变的人体动作来传情达意的，正因为它具有审美主体和审美客体的双重性，所以更易于使习武者与观众之间实现心灵对话，从而给他们带来更直观、深刻的美感，产生体验人类生命本然的“通感”。正因为灌注了战斗意念，倾注了格斗意象，人类“求生”的本能意欲在武术演练中才得以尽情释放。正因为中国传统文化“气”的流变性，才有了“势”的动性，从而衍生出“气势”磅礴的深层意蕴。正因为“势”蕴含“力”，“气势”之中才体现出中国传统美学的阳刚之美思想。

1. 武术套路演练的气势美

武术套路演练所展现的气势美源自其整体肢体的飞扬流动，体现了力量与运动相结合所呈现的美学境界。在观赏武术套路演练时，人们常常被那种由快速变化所形成的运动气势所折服。这种速度变化不仅反映了动荡而流逝的瞬间状态，更是运动与力量交融的完美体现。现代长拳、陈氏太极拳、翻子拳等不同风格的套路演练，都通过不同的动作设计和节奏变化，展现了其独特的气势美。

武术套路演练中的动作设计包括多种元素，如起、承、转、合的动作方法，这些动作的衔接和过渡可以传达出攻防技击的意念，并展现出人类运动不息的生命力。动作的击响声和器械舞动的呼呼声可以进一步增添武术套路演练的气势美。例如，震脚砸拳等动作的击响声，配合沉实的呼吸方法，可以使人感受到一种浑厚、有力的气场，勾勒出一幅“重如铁”的视觉画面。这些声音效果和动作设计的结合，使观众在视觉和听觉上感受到动势的迅猛和力量的充沛，激发出勇往直前、奋发向上的精神。

另外，武术套路演练中的气势并不仅仅是动作的外在表现，还体现了动作的“意”和“气”的统一。通过武术方法的综合运用，套路演练传达出一种由“法”到“意”的领悟，体现了中国传统美学思想。气势是人们领悟到的整体演练的

“意”，它借助各种武术方法的综合运用，使身体在运动中达到和谐的状态。就像少林拳所展现的古拙紧凑、矫捷刚健，通过“缓—迅”的节奏变化，传达出“行云攻不破—惊雷防不及”的动势意象，使人们感受到气势美的内涵。

2. 武术散打竞赛的气势美

在武术散打竞赛中，动势所呈现的气势美源于其体现的力与劲之美。作为一项直接展示武术技击属性的竞技项目，散打在激烈的比赛中展现出刚健之美和气势之美。这种美学特质受到了中国传统文化的深刻影响，散打运动与西方技击术有所不同，主要表现在远踢、近打、贴身摔等技击特点上。通过精湛的拳法、凌厉的腿法、巧妙的摔法等技击手段，以及贯穿其中的借力打力、巧摔快摔的思维方式，武术散打呈现出巧妙、灵活、机警之美。散打运动员准确、利索、敏捷、连贯的动作，以及富有节奏感的组合拳法，展现了其爆发力和持久力，同时彰显了其顽强拼搏、不屈不挠的意志品质。

在散打比赛中，运动员的动作所展现的气势美不仅体现了技击特色和强者风范，更呈现了一种奋勇争先的气势。这种气势美的展现源于人的本质力量的对象化。散打运动将远古时期人们的求生欲、对自然的尊敬等原始意象合理化释放，使人们在比赛中能够得到一种畅快淋漓的情感宣泄。运动员在竞技场上展现出的顽强拼搏和不屈不挠的意志，使观众无不钦佩。

四、“神”为武术技艺最高境界的审美表述

书法、绘画艺术最高境界的描述，通常用“神”和“妙”来形容，不同历史时期，人们对二者的认识程度不同。虽然二者都是高级的审美形态，都是对有限物象的超越，但在绘画、书法艺术的品评中，历史上有“神—妙—能”“神—妙—能—逸”甚至“逸—神—妙—能”的品评。“神”和“妙”是中国传统美学史上极其重要的范畴。作为审美形态的“妙”往往指一种与“神”相联系的美。因为“神”与“妙”具有超越性，所以当“神”与“妙”结合起来时，就善于把握各种各样的审美意象，而不拘泥于某种艺术表现手法，从而达到出神入化的美妙境界。中华武术拳谱、拳谚中，直接论述武术“美”的描述很少，而运用“神”“妙”的形象表述较多。

（一）“神”为武术技艺最高境界评价标准

“神”作为武术技艺最高境界的评价标准，体现了中华武术中的深邃哲学和审美观念。在武术传承和实践中，“神”常常被用来形容技艺的至高境界，是一

种超越形态、超然物我、内外合一的境界体现。在武术拳谱及相关著作中频繁出现对“神”的描述，其所表达的含义具有多种层次且意蕴丰富。

从技艺的境界来看，“神”意味着武术运动达到了一种超越凡俗、超脱形态的境界。例如，太极拳强调“由着熟而渐悟懂劲，由懂劲而阶及神明”，这里的“神明”指的是一种对拳理的深刻理解和内化，是技艺超越了肢体动作的表现，从而达到了内外合一、身心统一的境界。这种“神明”不仅要求对动作熟练掌握，还要对拳理深刻领悟，进而达到“心能忘手，手能忘枪”的境界，即一种内在精神与外在形式相统一的境界。

从审美观念来看，“神”具有超越形态、形而上的意义。在武术演练中，“神”不仅仅是一种技艺的表现，更是一种审美意境的体现。例如，剑术表演中的“承接妙捷如神”，这里的“妙”和“神”不仅仅是对技艺的称赞，更是对剑术超凡意境和内在精神的赞美。

“神”还体现了一种内在的心性修养和武德境界。在武术实践中，强调“神”不仅是技艺的表现，更是对内在精神境界和道德修养的要求。例如，在太极拳中，“神”要求习武者在动作中保持内心的宁静与专注，达到“心不妄动，而处之裕如”的境界，这是一种心性修养和武德境界的体现。这种“神”既是技艺高超的表现，又是内心境界的提升，体现了武术实践中的道德修养和精神追求。

“神”作为武术技艺最高境界的评价标准，是超越形态、超然物我、内外合一境界的体现。它不仅是对技艺的高度颂扬，更是武术审美观念和哲学思想的体现。在武术的传承和发展中，弘扬“神”的理念，不仅有助于习武者提升技艺，还有助于其人格的完善和精神境界的提升。

（二）习武者眼神力求传达的“神”蕴

习武者的眼神传递着一种超越形态的内在精神和心志，这一点在中国传统文化中有所体现。在绘画中，虽然外形可以被描绘得栩栩如生，但如果缺乏内在精神的表达，作品将难以打动人心。

“眼神”在武术中同样具有重要的传神作用，它是体现生命意识和战斗意念的窗口，能够为武术动作增添生机和生命力。习武者通过眼神传递出自信、决心和战斗意志，从而赋予动作以更深层次的意义和内涵。没有眼神的传递，武术动作将失去灵魂，变得毫无生气。

武术中的眼神传递方式与舞蹈、戏曲等艺术形式有所不同。舞蹈中的眼神往往表现为灵动、妩媚，而戏曲中的眼神则可能呈现出各种表情和情感。然而，在武术中，眼神可能表现出更加深沉、内敛的意境，它承载着战斗意念和格斗精神，是以“神”来“传神”。因此，武术眼神的表达更多地体现为凝重、决绝和意志坚定，与动作的“势”相结合，可以加强演练的意境和气势。

不同风格和流派的武术项目可能呈现出不同的眼神特点。例如，长拳类、少林拳类、南拳类等往往表现出一种锐利、灵活甚至怒目圆睁的眼神，体现了其激烈、悍勇的战斗风格；而太极拳等内家拳则更注重内心的平静和安详，眼神表现为一种深沉、内敛的状态。无论何种眼神，都需要习武者凝神专注，将外在动作与内在心志相统一，以达到“形神兼备”的目的。

在武术中，眼神通常分为注视和随视两种状态，分别对应动作定势和运动过程中的眼神变化。注视时，眼神凝聚于一个点，表现出集中和专注的状态；而随视时，眼神随着动作的变化而变化，与动作形成和谐统一的步调。这种眼神传递重点在于表现习武者的内在心志、精神和生命活力，其基础在于气的充盈。因此，习武者需要通过持续的练习才能够掌握眼神传递的精髓，将内在的“神”注入每一个动作中，使其更具生命力和战斗力。

习武者的眼神传递了一种超越形态的内在精神和心志，是武术动作的灵魂所在。通过眼神的传递，习武者能够赋予动作更深层次的意义和内涵，体现出内在的自信、决心和战斗意志。因此，眼神在武术中具有至关重要的作用，是习武者达到“形神兼备”目的的关键所在。

（三）技法之“变”是武术神妙的思想映射

“变”作为武术技法的根本法则，在武术实践中发挥着至关重要的作用。无论是劲力的变化还是战术的运用，都彰显了“变”的核心思想。在武术中，“变”不仅仅是一种技巧，还是一种智慧和艺术的体现。

“变”赋予了武术以活力、灵活性、巧妙性、圆通性和神秘感。通过变化，习武者能够灵活地调整自己的战术，从而应对不同的情况和对手，以求取胜利。与之相对，“不变”很可能导致技法的死板和僵化，使得习武者在实践中失去应对多变局势的能力，导致被对手看穿。从审美法则的角度来看，“变”给观众带来了新鲜和刺激的感觉，使其产生兴奋和好奇心，从而引起观众的共鸣和兴趣；而“不变”的固定模式则可能使观众感到乏味和厌倦，从而导致观众产生审美疲劳。

在武术领域，只有通过不断变化和创新，才能激发观众的兴趣和好奇心，产生持久的艺术魅力。变化是武术技法取胜的关键。在武术实践中，变化意味着没有固定的套路和模式，而是根据具体情况和对手的特点灵活变化，使对手无法掌握规律，从而取得胜利。武术的拳场可以被看作古代战争场面的现实虚拟，内化为多变的“武术意象”，在这个意象中，变化是一种智慧和策略的体现，是习武者在战斗中的生动表现。

因此，只有在“变”的指导下，武术技法才能不断出“新”、出“奇”、出“美”。只有通过不断变化和创新，习武者才能应对不同的挑战和适应不同的环境，发挥出自己最大的潜力，实现艺术与技术的完美结合。

1. 武术技法中的“变”思想

武术技法中的“变”思想体现了一种灵活应变的战术策略，其核心在于根据现实情况，灵活运用多种招法和战术，达到出其不意、制敌于先的目的。这种“变”思想在《孙子兵法》中被阐述为“奇正相生”的原则，即正与奇相辅相成、互为其根。“变”思想能够使战争中的行动不断变化，形成无穷无尽的战术变化。在武术套路演练中，这种变化不仅体现在进攻方主动变招的灵活性上，还体现在根据对手情况进行招式变化的策略上。

武术套路演练中的变化源于对对手的想象和对对手可能运用的招法的预判。在套路演练中，虽然对手是虚拟的，但习武者需要根据自己对对手招法的想象和猜测，灵活运用多种招式和战术，以应对可能的变化和挑战。这种变化的灵活性使得习武者能够更好地适应不同情况下的战术要求，从而增加战斗成功的可能性。

实际比赛中的变化更加贴近武术实践的环境，习武者需要根据对手的实际情况进行及时的变招。这要求习武者具备敏锐的观察力和临场应变能力，能够随时根据对手的动向和状态做出相应的反应和调整。这种变化不仅体现在进攻方的主动变招上，还体现在根据对手情况的变化而进行招式调整和战术变化上。同时，武术技法的变化也体现在各种器械和招式的运用上，如枪法中的崩、点、穿、劈等基本技法，以及棍术、八卦掌等不同门派的特色动作和技法。

总之，武术技法中的“变”思想不仅体现了对战术策略的独创性和出奇制胜的追求，还体现了对战斗环境的敏锐性和适应能力。这种灵活变化的思想不仅使武术技法更具有美学价值，更使得习武者在实践中具备了更强大的生存力和竞争力。

2. “灵”“巧”“活”的思想

“灵”“巧”“活”的思想贯穿武术技击之中，体现了中华武术文化的独特魅力和审美追求。传统武术强调技巧性，即攻打的技巧。这种技巧的实践并非局限于固定模式，而是需要在具体运用中展现出“灵”“巧”“活”的特质。传统武术在实践中注重方法巧妙、运用多变，与西方技击项目追求快速、简单、标准化的目标有着明显不同。

武术技击中的“灵”“巧”“活”思想，既体现在历史文献的记载中，又表现在武术名家的实践和论述中。这种思想不仅是对技术要领的总结和归纳，更是对中国传统文化中智慧和精湛技艺的体现。通过对技击技巧的灵活运用，习武者能够在实践中游刃有余、以小胜大，达到技击艺术的最高境界。

第五章　中华武术基本动作方法的技艺之美

中华武术基本动作方法有着独特的美感，本章从手型手法与步型步法，肩臂与腰腿部动作方法，跳跃、平衡与翻滚动作方法三个维度论述中华武术蕴藏在基本动作中的技艺之美，旨在体现中华武术动作的精准与协调，让读者感受到中华武术在数千年历史积淀中形成的独特魅力。

第一节　手型手法与步型步法

一、手型手法教学

“手型、手法是指在武术套路演练过程中上肢完成动作时的基本形态和运动方法，是武术套路长拳中最为基础、最具代表性的技术动作。”①手型手法是武术技术中上肢进攻和防守时，手的形状和上肢的运动方法。“手型手法练习是运用拳、掌、勾三种手型，结合上肢冲、架、推、亮等运动方法，练习手型手法的基本规律。”②掌、拳、勾三种手型是习武者学习的最简单、最基本，同时也是最重要的基础动作。习武者一定要反复认真地练习。

（一）手型教学

1. 掌型

①八字掌。以左立掌侧平举为例，四指并拢伸直，拇指外展似八字，俗称八字掌。

②柳叶掌接上动。以左柳叶掌为例，四指并拢伸直，拇指内扣，呈柳叶状。此掌型因似柳叶故称柳叶掌。

③立掌接上动。掌向拇指一侧上挑翘，沉腕成立掌。

2. 拳型

①以长拳类为例，左臂斜上举，呈八字掌型。

②接上动。四指逐节按顺序向掌心内卷扣，拇指不动。

③接上动。大拇指内扣，以内侧面压贴食指、中指第二指节上呈方拳状，拳面平。

3. 勾型

①勾手握法，屈手腕五指撮拢紧，手腕内扣呈下勾手状（另有拇指与食指、中指撮拢呈刁勾状）。

②反臂勾手。手臂内旋，勾型不变，勾尖朝上。

---

①　周新红、郑健：《手型、手法在国际武术竞赛套路长拳中应用研究》，《中华武术（研究）》2014年第7期，第17页。

②　共青团中央文化体育部主编：《文娱体育活动全书》（下册），中国青年出版社，1982。

（二）手法教学

1. 掌法

（1）穿掌

第一，穿掌的预备势。骑龙步状左盖掌。两腿屈膝半蹲呈骑龙步状，左脚在后。左臂屈肘体前盖掌，掌心向下；右臂屈肘，仰掌抱于右侧腰间指尖朝前。目视左掌前方。

第二，穿掌的左侧点步穿掌。接上动。两腿上蹬直，重心右移，随体左转 90° 成左侧点步。同时，右仰掌以指尖领先，随体左转，向右斜上经左掌背上穿掌成直臂右斜上举，力达指尖，掌心向斜上。左掌屈肘收至右腋下，掌心向下，指尖向后。目视右掌方向。

第三，穿掌的动作要求。要求蹬腿与穿掌同时完成，侧点步时重心移位明显。

（2）撩掌

第一，撩掌的预备势。提膝侧平举掌。右脚支撑站立，直腿；左腿屈膝上提成正提膝。两直臂侧平举，右立直掌，拇指在上；左仰直掌，掌心向上。目视左掌方向。

第二，撩掌的左弓步撩掌。接上动。右脚支撑为轴，随体左转 90° ，左脚向前落步成左弓步。同时，右掌心领先，经前旋向体前斜下方弧形摆撩击，力达掌心一侧，掌心向斜上，拇指一侧向右。左臂屈肘内旋向下盖掌，以掌指扶于右前臂上侧，指尖向右，掌心向下。目视右掌方向。

第三，撩掌的动作要求。撩掌必须迅速，要求力点准确、短促有力。

（3）劈掌

第一，劈掌的预备势。左前点步架、推掌。左掌向左斜前立掌推出，直臂；右臂头上举架掌，肘微屈。目视前方。

第二，劈掌的左弓步劈掌。接上动。右脚支撑，左脚提起向前上步成左弓步。同时，右臂掌外旋成直掌后，以小指一侧领先，随体左转 45° ，向体前下立掌劈击，力达小指一侧，臂稍屈，掌心向左；左臂掌屈肘回收，立掌扶于右前臂内侧，掌心向右，指尖朝上。

第三，劈掌的动作要求。劈掌时自上向下，快速有力，臂屈经伸直过程；右掌劈至体前呈水平举状。

（4）推掌

第一，推掌的预备势。并步站立双抱肘，两拳心向上。目视体前方。

第二，推掌的左前点步右推左抱掌。左脚支撑为轴，随体右转 90°，右脚提起后退一步；左脚先提起，再原位落撑成左前点步。同时，两拳变掌，随体右转，两臂掌顺势经头左上，向右侧下立圆双摆掌。随体左转之时，两臂屈肘分别经腰间抱掌过程，随即顺势再随体左转 45°。右掌向右斜前方立掌击推，力达小指一侧，直臂；左臂掌不变。目视右掌方向。

第三，推掌的动作要求。推掌力点要明确，双摆掌接推掌的过程要连续完成，下肢步法与转体协调一致。

（5）砍掌

第一，砍掌的预备势。并步站立举掌。右臂屈举掌于头稍右斜上方，掌心向前，指尖朝左；左臂直于左侧斜下举，掌心向后。目视体前方。

第二，砍掌的右后点步左砍掌。接上动。右脚支撑为轴，随体左转 90°，左脚提起向上半步，重心前移成右后点步。同时，右臂外旋，右掌以小指一侧领先，向体前猛力砍击，力达小指一侧，掌心向上，直臂。左臂屈肘，左掌弧形向前上摆，以掌指扶触右前臂上侧，掌心向下，指尖朝右。目视前方。

第三，砍掌的动作要求。进步砍掌与转体要同时协调完成。右臂掌应于体前呈平举状，砍击掌动作必须短促有力。

（6）掳掌

第一，掳掌的预备势。并步站立抱肘侧立掌。左抱肘拳心向上；右立掌于左侧胸前。目视左侧方向。

第二，掳掌的左侧点步右掳掌。接上动。左脚支撑为轴，右脚提起向右侧进半步，重心右移成左侧点步。同时，右手以掌心一侧领先，以八字掌向右侧平摆掳掌成右直臂侧平举，掌心向后，指尖向右；左拳抱肘腰间不变。目视右掌方向。

第三，掳掌的动作要求。掳掌后可配合冲拳等动作练习，要求动作敏捷、动静分明。

（7）亮掌

第一，亮掌的预备势。并步站立双抱肘。目视前方。

第二，亮掌的左前点步右亮掌。右脚支撑，左脚提起向右脚前落步成左前点步。同时，随体左转 45°，右拳变掌，向右弧形上摆至头右上方成抖腕亮掌，微屈肘，右腕内扣，掌心向前，指尖朝左斜前上方；左拳向左侧弧形上摆成左直臂立击拳侧平举，拳眼向上，拳心朝前。目视左斜前方。

第三，亮掌的动作要求。抖腕亮掌与点步、转头要同时完成；点步两腿必须伸直且身体挺拔。

（8）按掌

第一，按掌的预备势。并步站立抱肘侧举掌。左抱肘，拳心向上；右臂掌右侧直臂平举，掌心向上。目视左侧方向。

第二，按掌的右横裆步按亮掌。右脚支撑，直腿；左脚提起，向左侧横跨一大步成右横裆步。同时，以右掌心领先向右上方弧形摆，经由头上，以掌心领先弧形向裆前下摆按掌，力达掌心，指尖朝左；左拳变掌，向头左上方弧形摆亮掌，两臂微屈肘。目视右侧方向。

第三，按掌的动作要求。手眼协调配合，横裆步两脚尖向前，上体正直。

（9）挑掌

第一，挑掌的预备势。并步站立抱肘侧立掌。左抱肘；右侧立掌于左胸前。目视左侧方向。

第二，挑掌的叉状步挑掌。右脚支撑；左脚提起，从右腿后向右插落步，成直腿叉状步。同时，右臂掌向下，臂经外旋，以拇指一侧领先，弧形向右上抖翘腕立挑掌，力达食指一侧，臂稍直，掌心向前；左拳变掌，臂经内旋向左下直臂后摆，成反臂斜后下举掌。目视右侧方向。

第三，挑掌的动作要求。上挑掌前必须先向上突腕，然后随即下沉并上挑掌；上体稍右倾。

（10）拍掌

掌由上向下，俯掌击拍地面；或以一掌背领先上摆，与另一掌心一侧相击拍掌，力达掌背；或两掌分别由左右向胸前相击拍掌，力达掌心。仆步抡拍地，或拍脚前的拍击掌，二者均要求短促有力、快捷。

（11）插掌

臂由屈到伸，直腕向下或斜下插掌，力达指尖。

（12）搂手

手心向下，以小指一侧领先，向斜外侧划弧，力达掌外沿。

（13）刁手

手经内旋由伸到屈，由内向外刁捋，力达手指。

（14）缠手

以腕关节为轴，手掌、手臂经向外、向后圈绕缠拿，随即手心转向上抓握。缠手一般是由捞掌伴随抓拿内收，配合另一手冲拳或推掌等攻击法。

（15）侧立掌

掌于左（右）胸侧立掌，掌指尖向上，掌心向左（右），拇指一侧朝内。当侧立掌作为进攻性掌法的预备势时，它的性质属于掌法；当侧立掌作为动作定势时，它的性质属于一种掌型。

（16）倒立掌

以右侧视图为例，右臂屈肘叠腕，掌指尖向下，掌心向前，小指一侧朝内紧贴腰间，左臂平直立掌前推。

2. 拳法

（1）冲拳

第一，冲拳的预备势。两脚左右开立步站，与肩同宽；两臂弯曲，两拳上提分别抱肘于左右腰间，拳心向上。目视前方。

第二，冲拳的右冲拳。接上动。下肢、左拳不变；右拳臂内旋，随体左转45°，向前平拳快速平直冲击，力达拳面。目视右拳方向。

第三，冲拳的左冲拳。接上动。下肢不变。右拳臂随体稍右转约90°外旋，屈肘稍回收状；左拳向前平直冲击，两臂稍屈，两拳心向上。目视左拳方向。

随体继续右转约45°，左拳臂内旋，向前方平拳快速冲击；右拳继续回收至腰间抱肘。目视左拳方向。

第四，冲拳的动作要求。初学冲拳应慢速练习，体会动作路线。掌握基本动作后可采取听口令“单击一次—连击两次”的变速冲拳法。冲拳要旋臂、体拧转，体会打拳接近终点用“寸劲”，要顺肩的技术要求。

（2）劈拳

第一，劈拳的预备势。左弓步。右立拳前平举，直臂；左拳臂抱肘。目视右拳方向。

第二，劈拳的前点步劈拳。接上动。两脚支撑为轴，左脚蹬地随即随体右转约225°成右前点步。同时，右、左臂拳随体右转，顺势右、左依次立圆抡摆，左拳向左斜前方立拳平直劈击，力达拳轮；右拳、臂随体右转，经屈肘收抱拳于右侧腰间，拳心向上，目视左拳方向。

第三，劈拳的动作要求。左劈拳必须经历屈肘过程，要顺肩、快速劈击。

（3）贯拳

第一，预备势。左侧点步，左盖掌；右抱肘，拳心向上。目视左掌方向。

第二，左弓步贯拳。右脚支撑，左脚提起向左侧进落步成左弓步。同时，右臂内旋，右拳以拳背领先，随上体左侧倾斜，经体前先向外再向左斜上弧形摆贯拳，直臂左斜上举，力达拳背；左掌收至右胸前成侧立掌，前臂平举于胸前。目视右拳方向。

第三，动作要求。贯拳时要以腰带臂，由屈到伸，发力短促。

（4）横拳

第一，横拳的预备势。并步站立。右抱肘；左屈臂，胸前平举拳，拳心向下，拳面朝右。目视左前方。

第二，横拳的右弓步横拳掩肘。接上动。右脚支撑为轴，左脚提起向左横进一步成右弓步。同时，左拳以拳轮领先直臂向左稍斜上方横抡扫摆击拳，力达拳轮及左前臂尺骨一侧；右拳向右后弧形斜上摆掩，肘稍屈，右侧举拳，稍高于头。目视左侧斜上方。

第三，横拳的动作要求。右臂内掩摆，臂经外旋过程，力达尺骨一侧。上体稍右仰身，左胸挺拔。

（5）抄拳

第一，抄拳的预备势。左前点步站立。右上冲拳，直臂，拳眼向后；左拳臂抱肘。目视左前方。

第二，抄拳的右后点步抄拳。接上动。左脚向体前上半步支撑，右前脚掌支撑为轴，随体左转 90° ，重心前移成右后点步。同时，右拳经右向后下、体前上方立弧形抄击，力达拳面，拳面向上，拳眼向右，屈肘。左拳变掌，弧形向前下摆，臂内旋，屈肘，顺势上翻掌，以掌心一侧下盖，扶于右前臂内侧，指尖向右，屈臂平举胸前。目视右拳方向。

第三，抄拳的动作要求。屈肘抄拳不过头，由下向上抄击要短促有力。左脚进步时两膝必须经屈过程，随后上蹬，直腿与抄拳同时完成。

（6）砸拳

第一，砸拳的预备势。右侧点步上举拳。右拳上举，稍屈肘，拳心向体前；左臂掌左侧反臂斜后下举，稍屈时，掌心向斜后下方。目视左侧前方。

第二，砸拳的屈蹲砸拳。接上动。左脚支撑为轴，随体左转 90° ，右脚提起，左腿屈膝下蹲，随即右脚收并至左脚处震脚成并步屈蹲。同时，右臂外旋屈肘，由头上向体前下摆；左臂外旋，屈肘前摆举于体前，掌心向上；上动不停，右拳以拳背砸击左掌心，力达右拳背与左掌心，掌心与拳心均向上，两前臂体前平举。目视右拳方向。

第三，砸拳的动作要求。砸拳必须经旋臂，与震脚结合，以助下砸力；两前臂必须平举至胸腹前。

（7）栽拳

第一，栽拳的预备势。屈膝叉状步（左脚在前）。两直臂侧平举掌，掌心均向上。目视右掌方向。

第二，栽拳的叉状步栽拳。接上动。左脚支撑为轴，随体左转 45°，右腿屈膝提起，经左小腿前向左盖落步，经屈膝叉状步过程。同时，右臂屈肘内旋，掌变拳，弧形向上摆至右耳侧，顺势反臂随体稍左转，向右侧斜下栽击，力达拳面，拳心向后，臂直；左臂弧形内屈摆至右胸前成左侧立掌，掌心向右。目视右拳方向。

第三，栽拳的动作要求。步法与上肢动作要协调配合。手臂由屈到伸自上向下（或向前）栽拳，栽拳要快速有力。

（8）撩拳

第一，撩拳的预备势。并步站立。右手握拳上举，直臂，拳眼向后；左臂掌左侧后斜下举，掌心向右，直臂。目视体前方。

第二，撩拳的叉状步反撩拳。左脚支撑为轴，随体右转 90°，右脚提起外摆步向左前迈撑成直腿叉状步。同时，右拳以拳轮领先，向右侧稍斜后下直臂甩摆成反臂撩拳，力达拳轮；左臂掌向左弧形斜上摆，抖腕亮掌，臂微屈。目视右前方。

第三，撩拳的动作要求。撩拳与进步要同时完成，而且两腿要伸直，上体要挺拔，力点突出。另外，撩拳可以不转体向后斜下反撩。

3. 勾法

（1）下勾挂

第一，下勾挂的预备势。并步站立上冲拳。左臂左侧上举冲拳，拳眼向后；右臂向右侧斜后下直臂举，拳眼向斜前下。目视前方。

第二，下勾挂的左前提膝下勾挂。右脚向右横跨一步支撑；随即左脚上提起成左前提膝。同时，左臂经内旋，左拳变勾，以勾尖领先，直臂向前、下、左后下弧形勾挂成左反臂斜下后直举臂，勾尖向上，力达勾腕部；右拳由右后经下，向右前上方弧形摆举拳，腕稍内扣，微屈肘，拳心向左。目视左侧方向。

第三，下勾挂的动作要求。提膝下勾挂，上体向右闪躲动作及向左倾斜动作时必须明显；勾法、眼神等要协调配合，动作机敏。

（2）弓步勾手亮掌

右臂由上向右侧下弧形摆举成直臂下勾手，左亮掌。目视右侧方向。该动作仅为以势成法，具有攻防之意。

（3）缠搂勾手

第一，缠搂勾手的预备势。并步站立。右臂向前方直掌平举，掌心向上；左臂掌于左侧反臂斜后下举。

第二，缠搂勾手平举掩肘。接上动。左脚支撑为轴，随体右转 90°，右脚提起落步成右弓步。同时，右掌臂内旋缠手变勾，随右转体，以勾尖领先向右侧平摆成搂勾手侧平举，勾尖朝后，直臂；左臂掌从左后下，经外旋臂向体前斜上弧形摆，以尺骨一侧领先，于体前掩肘，成前臂掌左前立举，掌心向内，指尖朝上。目视左侧方向。

第三，缠搂勾手的动作要求。缠搂勾手右摆，臂要平直，掩肘时以转腰带臂，协调一致。

二、步型步法教学

（一）步型教学

1. 弓步

①弓步的预备势。并步站立。右抱肘，拳心向上；左立掌于右胸前。目视左侧方向。

②弓步的左弓步冲拳。接上动。右脚支撑为轴，随体左转 135°，左脚提起向前进步成左弓步。同时，左手八字掌，以掌心一侧领先向左侧掳掌，拇指一侧向下，臂经外旋掌变拳，屈肘收抱左腰间，拳心向上；右臂拳内旋，向左斜前平直冲拳，拳心向下。目视前方。

③弓步的动作要求。弓步腿大腿接近水平状，膝与脚尖呈垂直状，弓步后腿必须蹬直，脚尖稍内扣；弓步冲拳上体必须稍向前倾、左转体、顺肩。

2. 仆步

①仆步的预备势。左扣腿站立。右膝稍屈，右脚支撑；左腿屈膝脚后摆，脚勾扣右膝窝。两臂掌稍左斜上平举，直臂、直掌，掌心向上，目视右掌方向。

②仆步的仆步亮掌。接上动。右腿屈膝全蹲，左脚向左侧摆落撑成左仆步。同时，上体稍向左斜前倾。右臂内旋，直臂向右斜上举呈八字反掌状，掌心向后斜上方；左直臂前旋，八字掌摆举于左侧斜后下方，掌心向上。目视左斜前方。

③仆步的动作要求。仆腿挺直、脚内扣；全蹲腿的脚要全脚掌着地，脚尖与屈膝方向一致。上体挺胸、塌腰。

3. 歇步

①歇步的预备势。两脚左右开立背向站立，双抱肘，拳心向上。目视体前方。

②歇步的歇步推掌。接上动。以两脚为轴，体左转 180°，两腿自然呈交叉状，屈膝全蹲成歇步。同时，左拳变掌随体左转，臂内旋向左侧立掌平直推击，力达小指一侧；右拳、臂抱肘不变。目视左掌方向。

③歇步的动作要求。歇步后腿要全蹲，脚跟离地，前脚掌折叠蹬撑地；臀部撑坐后小腿上；前腿全屈，脚外摆撑地。

4. 插步

①插步的预备势。右后点步站立。左掌倒立掌于左侧腰间；右手盖掌于胸前，肘稍屈。掌心向下，指尖朝左。目视前方。

②插步推掌。接上动。体重心后移，右脚支撑为轴，随体右转 45°，左脚提起经右脚后向右插步成左插步。同时，左臂内旋，左立掌向左平直推出，力达小指一侧；右臂掌外旋，屈肘成倒立掌收抱于右侧腰间，掌心向前。目视左掌方向。

③插步的动作要求。插步的腿必须伸直，脚掌折叠蹬地；前腿必须弯曲，脚呈外摆撑地状。

5. 叉状步

叉状步有屈膝叉状步与直腿叉状步两种，当叉状步为静止动作时，为步型。

①屈膝叉状步。左脚在前左外摆步撑地；右脚在后，脚掌折叠蹬地呈两腿交叉屈膝半蹲状。上肢动作为左抱肘；右拳向前平直冲拳，拳心向下。目视右拳方向。

②直腿叉状步。两腿交叉蹬直，左脚在前向右外摆步撑地；右脚在后，前脚掌折叠蹬地为直腿叉状步。上肢动作为右立掌向右侧推击，直臂平举；左臂屈肘，倒立掌于左侧腰间。目视右掌方向。

6. 开立步

一脚向同侧方向横跨半步成开立步站立，约同肩宽，两脚尖向前，两腿伸直。上肢动作为右抱拳；左臂掌于左侧平直立掌状。

7. 横裆步

两脚左右开立站，约同弓步宽。右腿屈膝半蹲状；左腿直，脚尖正对体前方成左横裆步。胸正向前方，上体直立状。左臂掌左侧平举、立掌直臂状；右臂拳屈臂右侧举，肘尖向右稍斜上，拳心向内。目视左掌方向。

8. 半马步

半马步左立拳冲击，左脚向左稍内扣成左半马步，腿稍屈膝；右脚尖向右斜前方支撑，屈膝状；步幅宽于肩。左臂直，立拳左侧冲击状，拳心向前右；右臂屈，抱肘于右腰间，拳心向上。目视左侧方向。

9. 马步

两脚左右开立站，间距约为本人脚长的三倍半，脚尖向正前方，屈膝半蹲，大腿接近水平状。右臂屈，右前臂掌平举于腹前，掌心向下；左臂屈，左拳心向上，向左侧压肘。目视左侧方向。

10. 虚步

左虚步推亮掌，左前推掌，右亮掌。左虚步，膝稍屈，脚面绷直，前脚掌稍内扣支撑地；右腿半屈蹲状。建议初学者学习时，慎选此类重复低势的虚步练习。

11. 点步

点步有前、后、左、右之分，两腿均要伸直，一脚踏实撑地，一脚虚撑地。

①左前点步上冲拳。左脚在前，前脚掌撑地、直腿；右脚在后，全脚掌撑地、直腿，脚尖稍右外展。上体直立、挺胸。右臂直上举，拳心向左；左臂左斜后下举、直掌，手心向斜后上。目视体前方。

②右后点步左亮掌右冲拳。左脚在前，全脚掌撑地，脚尖稍外展，直腿；右脚在后，脚面绷直，脚尖触撑地，直腿。上体前倾状。左臂掌于左侧撑亮掌，稍屈肘；右拳向前平直冲拳，拳心向下，直臂。目视右拳方向。

③左侧点步右侧抄拳。左直腿于左侧，脚面绷直，前脚掌拇指点撑地；右脚于右侧稍斜前支撑，脚尖向右斜前方，直腿。上体右侧倾。右臂屈，向右侧斜上举抄拳，力达拳面，拳心向内；左臂屈于胸前，左立掌于右腋前，掌心向右，指尖朝右上方。目视右侧方向。

12. 丁字步

①丁字步的预备势。左斜前并步站立。两臂直，前平举，与肩同宽，掌心向上，指尖朝前。目视体前方。

②左丁字步双按掌。接上动。右脚提起，向右侧横跨半步支撑；随即左脚提起，收拢并于右脚处，左脚跟触靠右脚弓内侧，脚尖向左斜前呈左丁字形状。同时，两掌背领先分别向下、向上、向内划弧，随即以掌心领先，分别向两髋外侧坐腕，掌心向下按掌，指尖朝前；两臂屈肘。目视左斜前方。

③丁字步的动作要求。两腿伸直，挺胸收腹，腰上提；左丁字步的左髋稍外展。

13. 坐盘

两腿交叉，屈膝下蹲叠拢下坐呈坐盘状。臀部和后腿的外侧及脚面外侧均触地；前大腿部靠近胸部，脚向同侧方向外展，脚外侧面触撑地面。上肢动作为右臂向右侧斜上举，掌心向上；左反臂呈左侧斜后下举状，掌心向后。目视左斜前方。坐盘动作要求两腿盘紧，上体前倾，向左腿一侧拧转。

14. 丁步

左丁步抱肘上冲拳，两腿屈膝半蹲靠拢，左脚面绷直，以前脚尖撑点地，脚内侧紧触贴右脚内侧。左屈臂抱肘于左侧腰间，拳心向上；右臂拳上举于右侧，直臂，拳心向左。目视左侧前方。

15. 并步

并步呈静止状态时，为一种步型，右脚支撑站立；左脚提起收拢并于右脚内侧成两脚并拢站立。上肢动作为左屈臂抱掌于左侧腰间，掌心向上，掌指尖朝前；右臂屈于右侧平举状，拳面向前，肘尖向右后顶击。目视左侧方向。

16. 跪步

跪步立冲拳顶肘，两脚左斜前开立步站，屈膝下蹲成跪步。左屈膝，脚稍内扣，全脚掌支撑；右腿屈膝在后跪蹲（膝不触地），前脚掌折叠蹬地呈支撑状。上体稍右斜前倾。右臂直，立拳向体右前冲拳，拳心向上；左臂屈于左侧斜后上顶肘，前臂右斜下举，拳眼向内。目视右拳方向。

17. 盖步

盖步双摆掌，两脚开立步站立，左脚支撑；右脚提起，经体前向左盖进步，呈外摆撑地状，脚尖向右斜前；两腿半屈膝状。同时，两掌弧形向左上，摆于体右侧，左屈臂胸前平举，立掌于右腋前；右臂稍屈，立掌于右侧平举。目视右侧方向。当外摆进步为静止状态时，为步型。

（二）步法教学

1. 击步

①击步的预备势。两脚前后分腿站立，重心前移。同时，两臂、两掌分别于左右两侧自然下垂。目视左前方。

②击步挑掌。接上动。左脚支撑，右脚前摆，以脚内侧向前推击左脚跟部，随体右转 90° ，迅即左腿直，脚掌勾起，向左侧前摆举；右脚外摆状支撑。同时，左右掌臂，分别向左右侧上摆，呈侧平举状、直臂，掌心向体前。目视左侧方向。

③击步的动作要求。击步时要求两腿伸直，前脚呈自然勾起状；后脚击推前

脚，起动速度要快，动作要连贯。

2. 跃步

①跃步的预备势。两脚前后分腿站（左前、右后），两臂自然下垂。目视前方。

②前跃步。接上动。随体重心前移，左脚支撑，右腿屈膝上提跃跳起，随即左脚向前上蹬提起，小腿后摆稍屈膝呈跳跃进步腾空状，右脚顺势体前下落，左脚向前跃进；右、左脚依次前落步状。两臂自然摆动。目视体前方。

③跃步的动作要求。当跃步为步法时，“跃步”不要求高，略有腾空状即可；摆动脚（先起跳脚）落地时，脚位需呈稍外摆步状落撑。

3. 跨跳步

①跨跳步的预备势。左脚在前，两脚呈前后进步状。两臂顺势自然摆动。目视体前方。

②右跨跳步。接上动。重心继续前移。左脚支撑，右脚提起向体前上摆跨跳；左脚顺势蹬离地，膝稍屈上摆，身体经稍腾空呈右弓步状，随即右、左脚依次落地。两臂同时自然协调摆动。目视体前方。

③跨跳步的动作要求。脚掌向跨跳方向落撑，腾空不宜过高，步幅要有一定远度。

4. 行步（弧行步）

以连续向左弧行进步为例，左脚稍外摆进步，右脚向左斜前。弧形扣进步计算步数，左臂掌同时向左侧斜上直臂摆举，右臂稍屈右侧斜下举，腕内扣、掌心向下、坐腕、指尖朝行进方向。目视右侧方向。

行步是由摆步、扣步组合成弧形，然后快速行走的步法，必须由三步次以上的摆步、扣步组合成步法。走行步时身体向同侧稍微倾斜，步幅不宜过大，步幅需平稳，动作需紧凑连贯。

5. 踏步

①踏步的预备势。左脚于前支撑，重心渐前移；右腿稍屈，脚跟提起呈进步状。两臂在两侧自然运动。目视体前方。

②踏步前摆腿。接上动。重心继续前移，左脚支撑，脚尖向左前；随体右转约 45°，右脚前摆，以脚内侧推击左足跟处，同时，右脚全脚掌踏踩地，经踏步过程，腿屈，脚尖向斜前方；左脚迅即上勾、直腿、稍向左侧呈摆起状。同时，两臂于左右两侧自然运动。目视体斜前方。踏步时无须用全力，要注意该练习的方法和适当的运动量。

6. 盖跳步

①盖跳步的预备势。左脚在前，右脚在后，呈前后分腿进步状。两臂与下肢动作协调配合。目视前方。

②盖跳进弓步冲拳。接上动。右脚呈外摆状，向前上方摆提起，随体右转90°，左脚顺势上蹬，向左侧上摆，两脚顺势右、左依次落进步，呈左弓步状。同时，体向右转，两掌变拳，顺势经屈肘收抱过程，左拳迅速从腰间左平直冲拳。目视左拳方向。

③盖跳步的动作要求。盖跳步不要求过高、过远，但右脚应呈外摆落步状；左弓步与左冲拳必须同时完成。

第二节　肩臂与腰腿部动作方法

一、肩臂教学

（一）两臂内外绕环

1. 两臂内绕环

①两臂内绕环的预备势。两脚开立步站，两手腕腹前交叉，掌心向内。目视前方。

②内绕臂。下肢不变。两臂微屈，由腹前分别向左右同侧，于额状面内向头上划弧，经两前臂腕部交叉于头上，随即再分别向异侧下、内立圆绕环并经下交叉过程，连续不断重复练习。

2. 两臂外绕环

①两臂外绕环的预备势。两脚开立步站，与肩同宽。两臂伸直左右侧平举，掌心向下。目视前方。

②外绕臂。下肢不变。两臂掌向下、异侧外，经腹前下，两臂交叉，随即分别向异侧立圆绕环，两腕经头上相交叉过程再向两侧下摆，连续不停做立圆绕环重复练习。

③两臂外绕环的动作要求。两臂外绕环时，肩关节应放松拉长。两臂必经腹

前下、头上两个交叉过程。在额状面内连续进行重复练习，还可一内一外交替反复练习。

（二）两臂前后绕环

1. 两臂前绕环

①两臂前绕环的预备势。两脚开立步站，与肩同宽。两臂手掌伸直斜上举，两掌心相对。目视前方。

②前绕臂。接上动。两脚不动。两臂手掌同时向体前下、向后立圆连续绕环。

2. 两臂后绕环

①两臂后绕环的预备势。两脚开立步站，与肩同宽。两臂自然下垂，分别于左右两侧。

②后绕臂。接上动。同两臂前绕环动作，只是动作方向相反。

③两臂后绕环的动作要求。前后绕臂可连续向前练习，也可一前一后交替反复练习。绕臂时两臂放松，两腿协调上肢动作，膝关节应自然微屈。

（三）两臂依次前后绕环

1. 两臂依次前绕环

①两臂依次前绕环的预备势。开立步站。右臂伸直右侧上举，掌心向左；左臂伸直体左后斜下举，掌心向右。目视前方。

②前绕臂。下肢不动。右臂向前下、后上立圆绕环，左臂顺势向后上、前下立圆绕环。两臂依次交替连续向前立圆绕环练习。

③两臂依次前绕环的动作要求。肩关节放松，以腰带臂，协调左右转体配合，两膝可略屈，由慢渐快地练习。

2. 两臂依次后绕环

①两臂依次后绕环的预备势。开立步站。两臂伸直，右前左后平举，两掌心均向左。目视右掌方向。

②后绕臂。下肢不动。两臂依次向后立圆绕环，反复练习。

③两臂依次后绕环的动作要求。同两臂依次前绕环动作，只是动作方向相反。

二、腰部教学

（一）腰部基本功动作教学

腰部是贯通人体上下肢的枢纽，是提高武术技术的关键部位。腰臂运动是大脑中枢神经系统在“心志”的指挥下获得意志行为的有向性叠加；其活动既加大了各关节的活动范围，发展了脊柱、腰部、背部各大小肌群的柔韧及弹性，也提高了腰臂的灵敏、松长、环转等能力，为学习和掌握各项套路打下必要的基础。①

1. 摆臂翻腰

①摆臂翻腰的预备势。两脚左右开立站，脚尖向前。上体前俯接近水平。两臂自然下垂，两掌心相对。目视下方。

②分腿站左摆举臂。两脚不动。体向左侧拧转约 90°，随即左直臂掌顺势弧形向左侧上方摆举，掌心向左；右臂稍屈，向左侧摆举，掌心向上，指尖朝左。目追视左掌方向。

③分腿站右摆举臂。上动不停，两臂掌向右摆举，同上动动作，只是动作方向相反。目追视右掌。

④提膝上摆举臂。上动不停，右脚支撑，腿稍伸直；左腿屈膝，向左侧上方提起，髋外展，上体顺势向左拧转约 135°。同时，左臂掌伸直弧形下摆，随体左转向左侧上方摆动，左直臂上举，掌心向左；右臂掌伸直，顺势下摆于右侧斜下举，掌心向斜下。挺胸展体。目追视左掌。

⑤转体抡臂叉状步。上动不停，右脚支撑为轴，上体继续向左快速拧转约 360°，左脚顺势外摆步落撑，经屈膝叉状步过程。同时，左臂掌直臂立圆，随体向左翻转一周，摆至左侧稍斜后上方立举；右臂掌顺势翻转，经右侧下向上立圆抡摆一周至体前向左斜下直臂举。上体向前俯压。目视前下方。

⑥摆臂翻腰的动作要求。摆臂翻腰要以腰带臂立圆抡摆；翻转时要瞬即加速，挺胸与拧腰的动作要连贯协调。

2. 抡臂翻腰

抡臂翻腰是将“乌龙盘打”中的抡臂动作和翻腰动作完整地结合起来（可向左、右交替做）的动作。抡臂翻腰的动作要求是做左、右动作连续练习时，要连贯、协调、顺达。

---

① 李德成、林素朴、陈青：《武术教学培训教材》（第 1 分册），河南科学技术出版社，2014。

3. 抡臂绕环

①抡臂绕环的预备势。两脚左右开立步站，同肩宽。两臂掌侧平举，掌心均向下。头正直。目视前方。

②左弓步后摆臂。接上动。两脚支撑为轴，上体向左转 90°，经左高弓步状过程。同时，两臂掌经内旋，随体左转，顺势摆至体后斜下方，掌心均向上，直臂，上体前倾。目视体前方。

③右后点步上摆举臂。上动不停，左脚上蹬，直腿支撑，经右后点步状过程。同时，右臂掌由体后经右侧下，向头前弧形直臂上摆举，掌心向前，指尖朝上；左臂掌不变。挺胸仰头，目视右掌方向。

④左后点步绕臂上举。上动不停，以两脚支撑为轴，随体右转约 180° 呈左后点步状。同时，右臂掌随体右转，顺势由上向下，直臂弧形摆至右侧体后斜下举，掌心向后，指尖朝后斜下；左臂掌随体右转，顺势经左侧下向上，直臂弧形摆至左上举，掌心向前，指尖向上。上体后展，挺胸仰头，目视左掌方向。

⑤开立步侧平举。上动不停，两脚支撑为轴，随体向左转约 90° 成开立步站立。同时，左臂掌随体左转，由上向下，经体前向左侧弧形摆成左侧平举；右臂掌随体左转，顺势直臂向后上、右侧前上方抡摆至右侧平举，两掌心均向下，头正直。目视前方。

⑥抡臂绕环的动作要求。初学此动作时要按上述分解练习，待学会后要求动作连贯、以腰带臂、立圆抡臂，动作幅度要大，转体要协调且速度快。

4. 抡臂盘肘

①抡臂盘肘的预备势。右弓步，左立冲拳，右反臂斜后举。目视左拳方向。

②抡臂左弓步盘肘。接上动。两脚支撑为轴，随体向左后转 225° 成左弓步。与体左转同时，两臂伸直，握拳向左侧水平抡甩，当右臂拳抡甩至右侧斜前时，随即向内屈盘肘，肘尖向右斜前方，拳面向左斜前，拳心向下；左臂拳平抡甩一周成体后反臂斜举，拳心向上，拳眼向右。目视体前方。

③抡臂盘肘的动作要求。抡臂盘肘时，要以腰带臂，动作幅度要大；下肢换转弓步要与上肢动作协调一致，向左、右方向交替反复练习。

5. 下腰

①下腰的预备势。两脚左右开立步站，同肩宽。两臂掌直臂前平举，同肩宽，掌心向下，头正直。目视前方。

②甩臂下腰。接上动。两脚不动。两臂掌伸直，随上体前屈，两臂下摆，两掌心击拍同侧大腿，瞬即两臂掌与上体同向上、后弧形甩摆、下腰成桥。同时，

两掌触地支撑，两臂伸直约与肩同宽，指尖尽量向脚跟方向靠撑，两掌拇指一侧相对。两脚尖向前，腰上挑。

③下腰的动作要求。下腰后胸要挺，腰要上挑；练习时要求臂、掌、头、上体同时向后甩摆。下腰动作要注意循序渐进，柔韧性较差的练习者可由同伴协助托腰保护。下腰动作完成后应做体前屈、下蹲等放松练习。

6. 甩腰

①甩腰的预备势。两脚左右开立步站，同肩宽。两臂手掌伸直，体前平举与肩同宽，两掌心向下。头正。目视前方。

②分腿站体前屈手击腿。接上动。下肢不变，两臂手掌随上体前屈，直臂向下摆，以两掌心一侧击拍同侧大腿前侧处。目视下方。

③分腿站后甩腰臂。上动不停，下肢不变。两臂马上向前上、后下方直臂甩摆，两臂掌呈向体后平举状，两掌心均向上，头后仰。目视两掌方向。

④甩腰的动作要求。向后甩腰臂时，两臂不要过度下摆；整个动作要连贯、快速、紧凑、有弹性，用力协调一致。初学者注意动作速度和幅度要适度，要循序渐进地反复练习。练习后要适当做放松腰部的动作。

7. 涮腰

①涮腰的预备势。右弓步状。右臂向右侧自然平举，掌心向下；左臂屈，左掌平举于右腋前，掌心向下。目视右侧方向。

②屈膝分腿站仰身侧平举。接上动。两脚支撑为轴，上体前俯向左水平环转，呈涮腰后仰体状，两膝屈，两脚尖向前。同时，右臂掌随体左环转，体经前俯稍向左下方弧形水平抡摆一周，于右侧斜后上方自然平举状；左臂掌随后顺势经左前弧形自然平摆举过程。目视上方。

③涮腰弓步右平举。上动不停，以两脚支撑为轴，左转体约 135°，呈左弓步状。同时，左臂掌随体右拧转，顺势由左后向右平甩摆于右肩前，随即两臂手掌顺势经体前，同时向左平甩摆，左臂掌于左前平举，肘稍屈，掌心向下；右臂屈，前臂于胸前平举，掌心向下。目视左侧方向。

④涮腰的动作要求。涮腰时，两臂与上体均在水平面上做摆臂平绕环动作；两臂手掌环绕时必须放松，速度要快，动作要连贯协调。

（二）腰部辅助动作教学

1. 直臂腰回旋

①直臂腰回旋的预备势。两脚开立步站，同肩宽。两臂手掌侧平举、直臂、

掌心均向上。目视体前方。

②腰回旋。接上动。下肢、两臂侧平举不变，上体向左侧拧转 90°，随后以腰带臂再向右侧拧转约 180°。左右交替，反复练习。

2. 屈臂腰回旋

①屈臂腰回旋的预备势。两脚开立步站。两臂自然下垂。目视体前方。

②左转摆屈臂。接上动。以两脚支撑为轴，随体左转 90°，两臂同时向左摆屈，左前臂横向触击后腰部，掌心向后；右臂掌屈臂，以掌心一侧击拍左肩前侧部，掌心向内。目视左后方向。随后再向反方向重复练习。

③屈臂腰回旋的动作要求。练习时以腰带臂转摆，屈臂抡摆两臂时必须放松，转体的度数必须循序渐进，力求大幅度转体。

3. 体侧屈

①体侧屈的预备势。两脚开立步站。两手放在头后，左手拉住右手腕处，上体向右（左）侧屈反复振拉肩，再向左（右）体侧屈反复练习。目视前方。

②体侧屈的动作要求。可以采用以体侧屈为主的左右均衡反复练习，也可以采用节拍性侧屈振动或动静结合的练习。

4. 体前后屈伸

①体前后屈伸的预备势。两脚开立步站，与肩同宽。两臂自然下垂。目视体前方。

②体后伸。接上动。下肢不变。以两掌背领先向前、向上，随上体同向后伸展、后摆，两掌心向上，指尖向后。头后仰，直臂展胸。目视两掌方向。

③体前屈。接上动。下肢不变，两臂掌随上体前屈，向体前下摆，两掌指触地，掌心向内。目视两掌。

④体前后屈伸的动作要求。向后伸展腰时，两臂要充分伸直且振摆两次，接着做体前屈，手指触地两次。全程必须协调有序、反复练习。

5. 扩胸击掌

①扩胸击掌的预备势。两脚开立步站。两手握拳，拳心相对，两臂前平举同肩宽。目视前方。

②直臂扩胸。接上动。下肢不变，两拳、直臂向后平摆振两次。目视前方。

③扩胸击掌。上动不停，随即两拳变掌，直臂向体前摆，以两掌心一侧相击拍一次，迅即两掌变拳，重复下一组扩胸练习。目视前方。

④扩胸击掌的动作要求。向后振摆扩胸时需要稍用力；扩胸与击掌时两臂必须伸直。

6. 左右转髋

①左右转髋的预备势。面向一定高度的支撑物（肋木、墙等），两脚左右开立步站，宽于肩，脚尖向斜前。两手扶撑肋木，两臂屈肘，肘尖向下。目视前方。

②左右转髋。接上动。两腿伸直，两脚支撑为轴，向左、右转髋反复练习。可目视下方。

③左右转髋的动作要求。通过髋部向左右拧转，腰部要协调地向左右转换，并且幅度要逐步增大，并与下肢动作协调配合，动作要连贯且由慢渐快。练习时两腿要始终伸直。

三、腿法教学

腿法是武术运动“踢、打、摔、拿”四大技术之一，拳谚中有“双手封住门，全凭腿打人”之说。腿法在用法上具有力量大、难防守、变化灵活等优点，中外搏击高手多擅长运用腿法。[①] 腿法是武术技击中克敌制胜的重要技法。腿的弹性强，伸缩幅度大，威力猛，且隐藏性强，防守难，加上真真假假、虚虚实实的战术配合，可使对手防不胜防。[②] 腿法是武术基本功的重要内容之一。腿是身体的根基、支柱，若根基不牢，则重心不稳。腿法练精、运用自如，腿便可如同手一样具备多种功能，它可踢、蹬、撩、弹、踹、点、插、踩、戳、扣、圈、拿、勾等。要想练好、运用好腿法，不仅下肢力量与关节活动的幅度是关键，下肢肌肉肌腱伸缩拉长及柔韧性也是影响腿部屈伸、摆、扫、腰髋扭转等运动能力的重要因素。坚持加强腿法的训练，使身体的力量、速度、柔韧性、灵活性、平衡能力等身体素质得到相应提高，可以减少韧带和关节的损伤。这不仅是完成高难度动作的关键，也是提高习武者技术水平的重要方面。

（一）压腿

1. 正压腿

（1）屈蹲正压腿

以压左腿为例，右腿屈蹲，脚尖稍外展；左腿伸直，足尖向上勾紧，脚跟撑地。两掌重叠，掌心向下按扶在左膝上侧，上体向前、向下做振压练习。目视前下方。

屈蹲正压腿的动作要求是为防止因练习方法及用力不当等造成腿部肌肉和韧

---

① 杨永惠：《大学武术》，山东人民出版社，2013。
② 舒建臣：《武术内功修炼与实践》，辽宁科学技术出版社，2020。

带的损伤，压腿前应做好充分准备活动，待热身后再进行压腿练习。压腿时要动静结合，相互交替配合练习。

每次练习后应做十次左右的放松正踢、里合、外摆腿练习；随即可接做向前加速跑的调节练习。这些压腿后的练习是十分必要的。

（2）低压腿（吻靴压腿）

①低压腿的预备势。右腿屈膝半蹲，脚可稍右外展支撑；左腿向前伸直，膝关节挺直，脚尖用力勾紧，上体前倾。两手前后重叠，抱住左脚前脚掌，前额对准脚尖，上体前俯上下振压。

②低压腿的耗压。上动不停，当被压腿振压到一定程度时停止不动，在静止状态下韧带呈被拉长状即为静力性压腿；两手用力向内搬脚，上体前倾，尽量以下颌对准或触及脚尖。目视前脚方向。

③低压腿的动作要求。先振压，后耗压，两腿交替反复练习。

（3）中压腿（以中等高度压左腿为例）

①中压腿的预备势。右腿直立支撑；左腿向前抬起，脚跟放在与髋同高的物体上，腿伸直，脚尖上翘。两臂稍屈，两手心向下重叠放于左膝上。目视左脚方向。

②体前屈振压腿。上体前倾上下振压，反复练习。

③耗压腿。上体前倾下压。两臂弯曲，两手同时拉左前脚掌，与头相触（静止数秒）进行静止性耗压腿。

④中压腿的动作要求。振压、耗腿相结合练习。初学者压腿时不要用力过猛，振幅要由小渐大。根据训练水平，支撑腿与支撑物间的距离可适当调节。高压腿的技术要求同中压腿，只是被压腿的脚跟近于头高。

2. 后压腿

后压腿需要具备一定高度的支撑和扶持设施等条件，如“小山羊”、椅子、矮墙等。初学者背向墙或支撑物站立，两手扶撑体前的支撑物前沿，两臂伸直与肩同宽。右腿伸直支撑，左腿向后摆举，脚面绷直，脚尖向上，贴靠墙或支撑物，再伸直腿，塌腰抬头。目视前方。后压腿动作可采用三种高度压腿，即低压（腿低于髋）、中压（腿与髋平高）、高压（腿高于头）。练习者应根据自身的柔韧状况选择适当高度进行练习。上体应呈反背弓状，两腿均应伸直。

3. 侧压腿

①侧压腿的预备势。以右高侧压腿为例，将右腿高抬，脚跟置于与本人头部同高的物体或肋木上，勾足；左腿直，脚尖向左侧外摆撑。右手臂自然下垂于右腿内侧，左掌左侧上举呈亮掌状。目视右侧方向。接上动。上体、头向右侧摆振，

每次振摆左手都要尽量触摸右脚，反复练习。

②侧腿耗压。接上动。下肢不变。左手拉住右前脚掌，上体、头右侧倾不动，呈静止状侧压腿（耗压数秒）。

③侧压腿的动作要求。压腿时要动静结合，相互交替，配合练习。

（二）搬压腿

搬压腿从正、侧、后方向进行练习。搬腿时由两人或两人以上协作配合练习为宜，练习者应具备一定的训练基础和柔韧性。在先压腿的基础上再进行搬腿练习，切忌搬腿用力突然过猛，以防大腿后群肌肉和坐骨结节部位受伤，影响以后的训练及正常活动。

1. 正搬腿

以搬右腿为例，练习者左腿伸直作为支撑，右腿伸直上抬；扶助者左手扶练习者右膝前侧拉紧，右手上托练习者脚跟；由低逐渐升高，搬至最高处时静止数秒，腿下落后要做放松练习，再进行另一腿的交换练习。搬腿的动作要求是两腿以动力性和静力性方法交替练习效果为佳。练习时练习者两腿要伸直、收髋，被搬腿的脚尖要勾紧，支撑腿和上体尽量保持正直。

2. 后搬腿

以后搬右腿为例，练习者面向有一定高度的支撑物，左腿伸直支撑站立，脚尖向前；右腿伸直后举，脚面绷平。上体立起，两臂屈肘，两手扶撑支撑物，头略后仰，目视前方。扶助者站在练习者左腿后侧，以右（左）肩担扛练习者膝部，两手用力下按髋部，两手协同配合搬、压腿练习，两腿交换练习。后搬腿的动作要求是振、推、搬腿与耗搬腿相结合，练习完后应做动力性后撩腿及跳、跑练习。

3. 仰卧正压搬腿

以搬压练习者右腿为例，两人扶助练习者。仰卧正压搬腿的动作要求是练习前做好准备活动。练习后，应选做加速跑或纵跳、蹬腿、踢摆腿等练习以调节和放松腿部肌肉。

（三）踢腿

1. 击响腿法

（1）单拍脚

第一，单拍脚的预备势。左后点步站立。同时，两臂微屈肘，两掌向上举击掌（右掌在前，以掌背一侧，与左掌心在头上相击），两掌心均向前。目视体前方。

第二，左拍脚上举掌。接上动。右脚支撑直腿；左脚面绷直向头前直腿摆踢起。同时，左臂稍弯曲，以掌心一侧击拍左脚面；右臂掌右侧斜前上举，掌心向前方。目视前方。上动不停，左脚下摆落成并步站立。两腿交换练习。

第三，单拍脚的动作要求。单拍脚要短促响亮，两腿伸直。上身挺直，练习者应根据自身柔韧程度量力而为。

（2）斜拍脚

第一，斜拍脚的预备势。左脚在前，两腿伸直成右后点步站立。右臂抱肘，拳心向上；左臂直掌上举，掌心向前。目视体前方。

第二，斜拍脚抱肘。接上动。左脚支撑，右脚面绷直向头前直腿上摆。同时，左臂屈肘下摆，左掌心一侧于头前斜拍右脚面；右臂抱肘不变。目视前方。

第三，斜拍脚的动作要求。拍脚必须短促、响亮、准确，上体与支撑腿要直。

（3）外摆莲拍脚

第一，外摆莲拍脚的预备势。右后点步站立（右侧视图）。两臂手掌向头前上摆举，臂稍弯曲，以左掌心一侧与右掌背击拍，两掌心向前。目视前方。

第二，击响外摆莲。接上动。左腿蹬直支撑；右脚面绷直，向左斜上方直腿弧形摆踢起，瞬即向头前右侧弧形摆动。同时，两掌心一侧依次击拍右脚面，随即收至左脚处并步站立。两臂手掌左右侧直臂上举。两腿交替练习。目视摆莲脚。

第三，外摆莲拍脚的动作要求。挺胸、立腰、收腹、展髋，摆莲腿幅度要大，击拍快速、准确响亮。

（4）击响里合腿

第一，击响里合腿的预备势。两脚并步站立。两臂立掌侧平举。目视前方。

第二，右击响里合腿。接上动。左脚外摆，向右斜前迈半步支撑；右脚尖勾起内扣，向体右侧上方直腿踢起，随即经面前向左侧上方直腿弧形里合摆动。同时，左臂稍屈内摆，以掌心一侧于头稍左前方迎击右前脚掌，做右击响里合腿。随即右脚收至左脚内侧成并步站立。同时，两臂立掌侧平举。

第三，击响里合腿的动作要求。击响里合腿动作要求同里合腿，击响腿膝部需要稍微弯曲，拍脚击响点在前脚掌。

2. 屈伸性腿法

（1）弹腿

第一，弹腿的预备势。右后点步站立。双抱肘，拳心向上。

第二，右弹腿推掌。接上动。左脚支撑，腿伸直；右腿经屈膝提起迅速挺膝，右脚面绷平，以前脚掌上侧面为力点向前弹击，力达脚背前部，直腿。同时，左拳变掌向前推击，力达小指一侧；右拳不变。目视前方。

第三，弹腿的动作要求。挺胸、收腹、立腰、收髋，弹击腿时要脆快有力。支撑腿可稍屈膝，弹腿须经上提膝过程，屈伸、弹明显，腿高不过腰。

（2）蹬腿

蹬腿动作同弹腿动作，只是右脚尖要向上勾紧，猛力蹬出，力达脚跟，高不过胸，低不过腰，左立拳向前冲击；右拳抱于腰间，拳心向上。

（3）侧蹬腿

第一，侧蹬腿的预备势。右脚外摆进步支撑；左脚折叠蹬地，两膝屈成叉状步。同时，右掌经下弧形向左斜前撩举掌，掌心向后上方，微屈肘；左臂屈肘胸前平举，左掌在右肩前，掌心向后上方。目视左斜前方向。

第二，侧蹬腿撑掌顶肘。上动不停，右腿伸直脚支撑；左腿屈膝，小腿经上提架脚尖勾起，迅即脚跟猛力向左侧斜上方蹬出，力达足跟，直腿。同时，左掌以掌根领先，横掌向左撑击，力达掌根，指尖向前，掌心向左，直臂稍斜上举；右掌变拳，右臂屈肘经内旋，以肘尖向右斜上方顶击成前臂斜下举，拳面朝左；上体右侧倾。目视左侧方向。

第三，侧蹬腿的动作要求。侧蹬腿必须经屈膝、小腿上提架过程，力点明显，用爆发力。上身右倾稍侧前倾状（前蹬时上身正直；后蹬时，上身前俯与后蹬腿呈水平状）。

3. 直摆性腿法

（1）正踢腿

第一，正踢腿的预备势。右后点步。两臂侧平举、立掌。目视前方。

第二，右正踢腿。接上动。左腿蹬直支撑；右脚勾起，直腿，脚尖踢向前额处。上肢不变。目视前方。上动不停。右腿保持适度紧张向前下摆落，脚掌轻着地面支撑成并步站立。

第三，正踢腿的动作要求。左、右腿应交换连续练习，上体应保持正直；踢腿要做到勾起、回落。

（2）斜踢腿（十字腿）

第一，斜踢腿的预备势。两脚并步站立。两臂侧平举、立掌。目视前方。

第二，右斜踢腿。接上动。左脚向前迈半步；右腿迅即伸直，脚尖勾起，向左耳侧方向摆踢。目视体前方。上动不停。右腿向左上斜踢后迅即落并步，换另一腿斜踢。交替练习。

第三，斜踢腿的动作要求。斜踢腿动作同正踢腿，只是踢腿方向不同。

（3）里合腿

第一，里合腿的预备势。左脚在前外摆步支撑站立，右腿在后支撑站立，体重心呈前移状。两臂侧平举，立掌。目视前方。

第二，右里合腿。接上动。左脚向左斜前方 45° 外摆进步支撑为轴；右脚随即稍勾起，随体左转 45° 直腿先向右斜前上方弧形摆起，再经头前向左侧扇形踢摆里合腿，经头左侧直腿勾足状。两臂掌不变。目视前方。

第三，落脚并步站立。上动不停，右脚落于右侧直腿并步站立。两腿交换练习。

第四，里合腿的动作要求。里合腿的踢摆高度可以依据练习者的柔韧性及训练水平来确定（力求不低于头）。两腿均要伸直，上体要立直。

（4）侧踢腿

第一，侧踢腿的预备势。直腿叉状步站立（左脚在前外摆步支撑）；两臂侧平举，直掌，手心向上。目视右侧方向。

第二，右侧踢腿。接上动。左直腿支撑；右直腿，脚尖勾起，向右耳侧方向侧踢起。同时，右臂屈肘，掌经头前上，弧形向左摆掌至左胸侧成侧立掌；左臂微屈肘，掌向左侧头上方抖腕亮掌。目视右侧方向。上动不停。右脚下摆落地，接做另一腿侧踢练习。

第三，侧踢腿的动作要求。踢腿时两腿要伸直、立腰，动作要敏捷，上下肢体动作要协调一致。

（5）后擦腿

第一，后擦腿的预备势。两脚并拢半屈蹲。左臂微屈立掌侧上举，手心向右；右臂直掌斜后下举，手心向左。目视前方。

第二，左后撩腿摆举臂。接上动。左脚面绷直，直腿向体后上方撩踢；左直臂，掌以小指一侧领先与腿同向，向后斜上撩摆，掌心向右右腿伸直支撑。同时，右臂微屈翘腕，掌向体前上方摆，掌心向前，指尖朝上。目视体前方。

第三，后擦腿的动作要求。后擦腿时，两腿要伸直，上体前俯，抬头挺胸、塌腰与向后坐髋配合，并与上肢动作协调一致；完成练习后，不要过度地向摆动腿一侧翻髋、转体。

4. 扫转性腿法

（1）前扫腿

第一，前扫腿的预备势。左脚提起外摆进步支撑，稍屈膝；右脚自然屈膝，脚跟提起，前脚掌蹬地。左臂向左侧自然上摆；右臂掌向右侧斜下自然摆动。目视前方。

第二，右前扫腿状上举臂。上动不停，左膝屈蹲，前脚掌支撑为轴；右脚向内勾扣，以脚尖领先直腿随体左转约 135° 顺势向左平圆前扫腿，呈右仆步状，脚掌贴地。上肢可自然摆势。目视前方。

第三，前扫腿的动作要求。下蹲、转体、扫腿要连贯，要用腰带动腿扫转；扫腿时脚尖领先，要全脚掌贴地扫转。

（2）扶地后扫腿

第一，扶地后扫腿的预备势。左弓步双推掌。

第二，扶后扫腿。接上动。左腿屈膝全蹲；右直腿呈平仆状。同时，腰向右后拧转，上体前俯，两臂屈两掌撑地向左推手。左脚掌支撑为轴，右前脚掌内扣贴地向右后迅速平扫转一周，力达脚跟。目视前下方。

第三，扶地后扫腿的动作要求。扫腿时要向扫转方向俯身、抹腰；手向扫腿异方向推撑地；扫转时腿要伸直，以脚跟领先，动作要迅速连贯。

第三节　跳跃、平衡与翻滚动作方法

一、跳跃教学

“在武术套路项目中最需要控制且难度最大的动作是跳跃类动作，练习者需要以其自身的平衡力完成跳跃过程中的一系列静止而稳定的动作，把握好平衡和衔接时间，最终使整套动作符合要求和相应规格，整个过程中任何一个失误都会对最终的成果造成影响。”①

跳跃是武术基本动作之一，是指一腿或两腿蹬地向上跳起，使身体腾空，并在空中完成各种手法、腿法的动作。练习跳跃动作不仅可有效地增强练习者的腿部力量，提高其弹跳能力，还有助于其对有关难度动作的掌握，在增加套路内容、烘托演练气氛、提高练习者的身体素质等方面具有重要的作用。

① 唐玄戈：《“变异性练习”在武术套路跳跃类难度动作教学中的应用研究》，云南大学 2018 年硕士学位论文。

（一）直体跳跃

1. 腾空蹬腿

腾空蹬腿属屈伸性腿法跳跃。起跳同腾空飞脚起跳动作，只是蹬腿脚勾足前蹬（在身体腾空中完成蹬腿动作），力达足跟。要求蹬腿时经屈腿过程，蹬腿后呈直腿状，蹬腿快速有力。

2. 腾空侧蹬腿

以左侧腾空侧蹬腿为例，起跳动作同腾空飞脚，只是起跳后身体需要向右侧转。蹬腿由屈到伸，向左侧蹬出，力达脚跟，腿伸直可高于水平；右腿屈膝上提，脚向内收至裆前。左掌向左侧推撑，与蹬腿动作同时完成，掌心向左；右臂屈肘，向右侧顶肘，前臂平举上提，拳心向下。目视蹬腿方向。

3. 腾空摆莲

同腾空飞脚起跳动作。当身体腾空时，外摆腿动作方向、路线同击响外摆莲腿动作。同时，两掌头前上方击拍，随即左、右两掌依次由右向左弧形摆击拍外摆脚面，空中完成三击响动作。两脚击拍动作可不转体。

4. 腾空二起脚

①腾空二起脚的预备势。右脚向前上一步，屈膝，脚跟蹬撑地；左脚前脚掌撑地，屈膝，脚跟提起，上体稍后仰。左臂自然屈肘摆至头左侧；右臂屈肘自然摆至体右侧。目视前方。

上动不停。左腿稍屈向前上摆起，重心前移；右脚跟撑地过渡到前脚掌稍蹬离地呈向上起跳状。同时，两臂屈肘，弧形摆于头上，以左掌心击拍右掌背，体略腾空状。目视前方。

②腾空飞脚。上动不停，身体腾空。随即右脚面绷平，腿向体前上方踢摆，直腿；左腿体前屈膝上提收紧。同时，右掌迅即迎击右脚面，直腿状；左臂掌稍向左侧后直臂上摆（也可呈勾手状）。目视右脚方向。

③腾空二起脚的动作要求。踢腿、拍脚在腾空中完成，掌相击接拍脚连续快速、准确响亮，高度过肩。上体适度前倾。

5. 腾空双飞脚

左脚向前上一步，随即右脚向前跟进一步，稍开立步呈半屈蹲状，随即两脚向上蹬纵跳起，脚面绷平，同时上摆。两掌心一侧同时击拍同侧脚面，击拍点高于肩，上体呈前倾状。目视前方。

6. 腾空连环飞脚

起跳动作同腾空飞脚起跳动作，只是摆动腿与起跳腿都要直腿上摆，脚面绷平；两掌依次击拍同侧脚面，击点要高于肩，上体稍前倾。

（二）转体跳跃

1. 腾空转身外摆莲

①腾空转身外摆莲的预备势。右脚向前进一步，脚跟蹬踏地，膝稍屈；左脚掌前蹬地，膝稍屈。左臂屈肘自然向体前摆状；右臂掌向右侧后摆动稍屈肘状。目视前方。

②起跳腾空上击掌。上动不停，重心逐向右脚移动，上体稍向右转，右脚跟过渡到前脚掌撑蹬离地面；随即左腿屈膝由左后向体前上弧形里合摆动；随体向右转约 45°。同时，两臂掌向头上方上摆，左掌心一侧与右掌背相击拍，两臂自然屈，掌心向前。目视前方。

③腾空转身外摆莲。上动不停，身体腾空至最高处，随体右转约 90°，右腿向左上、向右弧形顺势摆起至头前时，脚面绷平，左、右掌依次击拍右脚面，两腿分别摆于左、右两侧稍斜前方，左腿呈微屈膝状，脚自然置位；右腿伸直，脚高于头。两臂屈肘自然前举。目视右脚方向。

④腾空转身外摆莲的动作要求。击拍脚面时要短促响亮、不低于肩。

2. 腾空转体挺身跳

起跳动作同腾空飞脚起跳动作。当摆动腿向前上摆起后，要迅速地向异侧方向（右）转体约 180°，同时两腿向体后屈摆腿，展髋、大腿向后伸展，两脚自然展伸。身体腾空的同时，两臂屈肘向头上摆，以左掌心与右掌背相击拍。目视双手方向。身体腾空时必须挺胸、展腹，大腿后展、膝稍屈。

（三）远穿跳跃

①远穿跳跃的预备势。以左弓步状站立，两臂掌后摆。目视体前方。

②腾空前跃跳。接上动。右脚向体前斜上方摆跨跃起，膝稍屈；左脚蹬地，向后上蹬摆腿，膝稍屈状，身体腾空。同时，两臂经两侧，向体前弧形上摆，左臂外旋伸直，直掌，掌心向上；右臂稍屈肘经外旋向体前摆，掌心经相对过程。目视左斜前方。

③跃步前穿亮掌。上动不停，右脚继续腾空前跃，腿稍直自然下落状；左腿屈膝，小腿后上摆举。同时，随体右转 90°，左掌摆亮掌于头左侧上方；右臂掌经上，向右后弧形摆，直臂立掌平举。目视右掌方向。

④远穿跳跃的动作要求。大跃步前穿要求高跳、远跨；空中要挺胸展腰，上肢动作摆幅要大；上下肢要协调配合，落地要轻稳。

（四）旋翻跳跃

1. 旋子

①旋子的预备势。以两腿屈膝，呈骑龙步状为例。上体前俯，右转拧腰。两臂右摆，左臂屈于体前斜上举；右臂稍屈于左侧平举状。目视右侧方向。

②腾空旋子。上动不停，上体、头、两臂同时先略向下，再向左侧甩摆，随即右腿向体后上、右弧形甩摆起；左脚瞬即顺势蹬碾地，脚面绷平，腿伸直，向后右上方甩摆起；身体在空中平旋转一周左右，两腿伸直，右腿稍下落状。上体挺胸稍呈反背弓状。同时，两臂顺势向左平甩摆举，头稍上抬。目追视左手方向。

③旋子的动作要求。蹬地、左转头、摆臂、抹腰与摆腿几个环节要连贯、协调。两膝、两脚在空中要伸直。

2. 旋风脚

①旋风脚的预备势。以原地右旋风脚为例。两腿左右开立，呈半下蹲状；重心稍右移，上体略向右拧转。两臂掌向右侧上摆动，右臂向右侧斜上举，左臂屈肘右侧斜上举。目视右掌方向。

②抡臂上提腿。上动不停，左脚上蹬左提起，左抡臂；右脚掌支撑为轴，随体左转约 180°，两臂掌随即向体前下、左上立弧形顺势摆动，左臂掌于左侧呈平举状；右臂掌于右侧稍斜上举。目追视左掌方向。上动不停，左腿继续向左上提摆，右脚顺势向上蹬提起，身体腾空。左腿屈膝，髋外展。同时，两臂顺势分别向左右斜下举状。头左转。目追视左手方向。

③腾空旋风脚。上动不停，随体继续左转约 45°，左腿呈稍向下落状；右腿稍伸直，脚微内扣，经头前向左侧扇形里合摆腿，左掌以掌心于头前迎击右前脚掌，臂微屈，右臂掌顺势于右侧自然斜下举状。目视右脚方向。上动不停，体继续左转约 45°，左右腿随体左转约 90° 下落，两腿自然左右分开状。同时，两臂于左右两侧自然屈肘状。左右脚依次或同时以前脚掌落撑地，目视前方。

④旋风脚的动作要求。动作要连贯。抡摆臂与身体、两脚向上蹬摆时，要同时协调向上，并与提气结合。在右腿上摆至最高点时完成击响。

3. 侧空翻

①侧空翻的预备势。右脚支撑腿直立；左腿屈膝前提起。同时，两臂向上摆举。目视前方。

②侧空翻倒立。上动不停，左脚向前落步支撑上蹬起，随即右脚掌向后扒地，腿向后上摆起；左腿顺势紧跟摆，上体及两臂同时向体前斜下方倾斜，身体腾空，两腿伸直呈倒立状，两臂自然屈摆于体两侧状。上动不停，身体继续顺势转摆，渐立起，右脚掌先落地，左脚顺势摆于右脚后方落撑呈前后分腿站状。同时，两臂自然下垂。目视体前方。

③侧空翻的动作要求。侧空翻时两腿要伸直，落地时膝关节、脚踝要稍屈着地。两腿应适度紧张，以控制身体立起后的平衡。

二、平衡教学

平衡是指一条腿支撑身体，另一条腿悬起，形成各种造型的静止姿势。它分为持久平衡和非持久平衡两种类型。平衡丰富了武术的内容，增强了武术技术动作造型的艺术表现力，对练习者大脑平衡功能的提高具有良好的促进作用。练习者身体的协调性和控制能力是直接影响身体平衡的重要因素，也能直接影响练习者武术技术水平。因此，在体能训练中练习平衡动作时，要注重提高练习者腰、髋、腿的柔韧性，肌肉控制力及综合能力，并采取合理有效的训练方法、手段，达到有效提高技术训练水平的目的。

（一）提膝平衡

1. 前提膝平衡

①前提膝平衡的预备势。并步站立双抱肘，拳心向上。

②左正提膝亮掌。接上动。右腿直立支撑站稳；左腿屈膝高提至近胸前，小腿下垂里扣，脚面绷平内收。同时，右臂前旋，拳变掌弧形向头右侧上摆，抖腕亮掌；左臂、拳不变。目视左侧前方。

③前提膝平衡的动作要求。上体正直、挺胸立腰、收腹。

2. 侧提膝平衡

①侧提膝平衡的预备势。并步站立。右拳抱于右侧腰间，拳心向上；左臂稍屈，左掌向上托举，掌心向上。目视前方。

②左侧提膝栽拳。接上动。右脚向右横跨半步直腿支撑站立；左腿屈膝向左侧上提起，小腿斜垂内收，脚面绷平。上体向右侧略倾。同时，右拳向右侧斜下方立拳冲出，力达拳面，拳心向前，直臂；左臂掌不变。目视右拳方向。

③侧提膝平衡的动作要求。侧提膝的髋、膝、小腿需要稍微外展。

（二）半蹲平衡

1. 盘腿平衡

①盘腿平衡的预备势。右脚支撑，屈腿站立；左腿屈膝上提，踝关节外侧置于右膝上。两臂掌前举与肩同宽，直臂、直掌、掌心向上。目视前方。

②左盘腿亮掌。接上动。右腿屈膝半蹲；左小腿顺势盘放在右大腿上，脚自然稍勾状。同时，两臂屈肘内旋，两掌弧形分别向下、后上、左右两侧后摆成反臂斜后上举，掌心向斜后上方（似大鹏展翅状）。目视左侧方向。

③盘腿平衡的动作要求。动作应连贯紧凑，练习者应挺胸拔腰、体稍前压。

2. 扣腿平衡

①扣腿平衡的预备势。两腿左右开立站；双抱肘拳心向上。目视体前方。

②扣腿右推掌。接上动。右腿屈膝半蹲支撑；左腿屈膝，脚勾扣右膝窝成扣腿平衡。同时，右拳变掌，臂经前旋，向右侧立掌平直推出，力达小指一侧；左前臂内旋，向左侧斜上方屈臂顶肘，力达肘尖，拳眼向内。目视右掌方向。

③扣腿平衡的动作要求。扣腿的脚勾应该扣紧；上体立腰应该略微前倾。

（三）屈膝全蹲平衡

1. 前举腿低势平衡

①前举腿低势平衡的预备势。并步站立。左手心向上抱掌左侧腰间；右亮掌于头右上方。目视体前方。

②屈蹲举腿推亮掌。接上动。左脚上半步，腿屈蹲支撑；右腿经上提膝过程，迅即向体前蹬直平举，脚尖勾起。同时，左臂经内旋，左立掌向体前推击；右臂掌不变，成前举右腿低势平衡。目视前方。

③前举腿低势平衡的动作要求。蹬举腿不得低于水平，屈蹲腿要全蹲。

2. 后插腿低势平衡

①后插腿低势平衡的预备势。右腿支撑屈膝全蹲，左脚提起，经屈膝状过程，随即经右腿后向右侧方向插伸平举，脚尖勾起成右插腿低势平衡。同时，左臂屈，立推掌，掌根触推右拳腕部内侧，右腕内扣。目视前方。

②后插腿低势平衡的动作要求。屈蹲腿要全蹲，上体前倾，插腿举成水平状。

（四）侧俯仰拧身平衡

1. 侧举腿平衡

①侧举腿平衡的预备势。两脚并步站立在肋木前，右手扶撑肋木；左臂自然

下垂。目视体前方。

②左侧举腿平衡。接上动。上体右侧转倾约45°，右直腿支撑站稳；随体右倾稍右转，左脚面绷平腿伸直，向左侧后上方摆举，高于头。同时，右掌扶撑在肋木上，直臂掌右斜上举；左臂掌顺势向左侧后摆举，掌心向前，直臂、直掌。目视右手方向。

③侧举腿平衡的动作要求。练习时要脱离支撑物，侧身与举腿要明显。

2. 拧身平衡

（1）望月平衡

第一，望月平衡的预备势。两脚并步站立，右上冲拳，拳眼向后，直臂；左臂屈于右胸前侧立掌。目视前方。

第二，后屈摆举腿反撩拳。接上动。右脚支撑直腿站立；左脚向右后上摆，屈膝，脚面绷直，脚掌向上。同时，右拳以拳轮领先，随体稍右拧转，顺势向右弧形向下、右斜上方反撩拳，力达拳轮，拳心向后，直臂；左掌弧形向下，向头左侧上摆亮掌，掌心向左斜上方。目视右拳方向。

第三，望月平衡的动作要求。上体稍左倾，左小腿右后侧斜上屈举。

（2）卧云平衡

第一，卧云平衡的预备势。右腿蹬直支撑；左腿后屈上摆，小腿成后斜上举，脚面绷平，脚掌朝斜前，脚尖向上。上体前倾近于水平状。同时，右立掌向右侧平直推击；左臂屈，肘尖向左斜后稍上方顶击，掌心向左斜下，指尖朝右斜前。目视右掌方向。

第二，卧云平衡的动作要求。左膝体后屈，上举小腿，脚约与头同高；上体稍前倾，挺胸、展腹。

3. 俯身平衡

（1）燕式平衡

第一，燕式平衡的预备势。两脚并步站立，两臂屈肘，两掌交叉于头前，掌心均向内。目视体前方。

接上动。左脚支撑，腿直立站稳；右腿伸直，脚面绷平，向体后上摆举，脚尖向后斜上方；上体前俯略高于水平，腰背成反弓形。同时，两掌经内旋，分别向体左右两侧斜后上举，两臂直，两掌相对，稍仰头。目视体前方。

第二，燕式平衡的动作要求。两腿伸直，支撑腿脚趾用力抓扣地，挺膝、后坐髋、挺胸。举腿时脚高于头。

（2）探海平衡

第一，探海平衡的预备势。两脚并步站立，右臂前举掌心向上，臂微屈；左臂屈，掌心向下扶触右腕上侧，掌指尖朝右。目视前方。

第二，探海平衡举掌。接上动。左脚支撑，腿直立站稳；右腿伸直后摆举，高于水平，脚面绷平。上体前俯。同时，右臂内旋向体前斜下推举掌，指尖向前，掌心向左，直臂；左臂掌不变。目视前方。

第三，探海平衡的动作要求。举腿与上体、手臂在一斜下直线上。前推举掌要低于后举腿，练习者要挺胸抬头。

4. 仰身平衡

①仰身平衡的预备势。并步屈蹲砸拳，左掌在下，掌心向上；右拳在上，拳心向上。

②仰身平衡举掌。接上动。左脚支撑，膝稍屈；右脚迅即向上提起，顺势随体后仰向前上伸摆举腿，脚面绷直，腿伸直。同时，右拳变掌，以指尖领先，随体右后仰，向右后举掌，直臂，掌心向右斜上；左臂掌向左斜后下反臂举。目视上方。

③仰身平衡的动作要求。举腿时，脚要高于头，后仰身时必须挺胸。砸拳要从上向下用力摆砸。

（五）直立控腿平衡

1. 前控腿平衡

①前控腿平衡的预备势。左腿挺直站立支撑；右腿经前提膝过程。左直臂斜上反臂举，八字掌亮掌，掌心向后；右八字掌直臂右斜后下举。目视体前方。

②右前控腿亮掌平衡。上动不停。左小腿迅即向体前上方伸举起，脚尖朝上；左直腿支撑。上肢不变。目视体前方。

③前控腿平衡的动作要求。初练时，应从低举腿逐步提高练习高度；向上举腿前，必须经提膝过程，动作连接要紧凑连贯、迅速；上体要挺拔。

2. 朝天蹬平衡

①朝天蹬平衡的预备势。右腿蹬直支撑，左腿侧提膝，脚尖勾起。左臂微屈肘，左手经左大腿内侧托握左脚跟；右臂屈，手扶支撑物体。目视前方。

②朝天蹬搬腿。接上动。右脚支撑腿直立。左手紧握左脚跟，脚尖勾紧，速向左侧头后上方搬举右腿，脚底朝上，高于头，脚尖向右，腿伸直。右臂手不变。目视体前方。

③朝天蹬平衡的动作要求。两腿伸直、挺胸拔背。

三、滚翻动作教学

滚翻动作的练习对提高人体大脑前庭分析器的平衡能力，以及培养身体的协调、灵敏、速度、力量等素质，勇敢、顽强、果断等品质均能起到良好的促进作用，有助于练习者更好地完成高难度动作，提高演练水平，增强自我保护、防伤的能力。

（一）抢背

第一，抢背的预备势。右腿在前屈膝，右脚支撑；左腿在后，前脚掌蹬撑地。上体向右斜前倾移，含胸弓背。右臂屈肘向体前斜下垂伸；左臂掌自然置于左侧斜下举，肘稍屈。目视前下方。

第二，屈蹲撑手前倾团身。上动不停，重心前移，右腿屈蹲，前脚掌支撑；左腿屈膝，前脚掌折蹬地，上体稍向右前侧与右大腿紧贴。同时，右臂屈肘，手在右脚前撑地；左手臂暂不变，低头。目视地面。

第三，蹬摆腿团身撑。上动不停，左脚蹬离地向上摆举，屈膝状；右脚掌撑蹬地，屈膝，上体团卷，低头（头触地）。同时，左臂屈，手渐离地状；右臂屈收举胸前。

第四，滚翻团体上举腿。上动不停，上体、两腿向内团收，两腿屈，以右肩、背、腰、臀依次翻滚触着地。左髋、左脚外侧触撑地；右屈腿上举状。目视前方。上动不停，体继续前滚，左、右脚依次触撑地，上体立起。

第五，抢背的动作要求。抢背要求上身卷屈团紧，以头后、右肩背、臀依次着地，向前轻快、圆活翻滚，两脚依次触撑地，迅速起身。

（二）栽碑

第一，栽碑的预备势。两腿并步站立。两臂屈肘，两拳紧握举于胸前（间距二十厘米左右），拳轮均朝前，目视前方。

第二，俯卧倒撑地。接上动。两臂拳、腿脚不变。臀、腹向上提收，身体挺直向前倾扑；两前臂与两拳轮（或两掌心）同时平铺地面触撑。身体平直俯卧呈栽碑状，两腿并拢。目视地面。

第三，栽碑的动作要求。手撑地时要保持屏息；手臂、手背肌肉要高度收紧；拳（或掌）撑地与胸部间稍有间隙。

（三）盘腿跌

第一，腾空里合腿。当身体垂直轴向左斜侧时，完成上步旋风脚起跳；身体旋转 360°，呈右里合腿腾空状时，左腿屈收体前提膝；右腿向上直腿状内摆举，脚稍向内勾扣。两臂屈摆于头两侧。目视体前方。

第二，落地摔剪腿。上动不停，上体及两臂掌继续向左转摆。右腿脚向内继续做里合时，于左腿上呈剪腿盘跌状，整体落地撑；右腿在上伸直，右前脚掌内扣触撑地；左腿屈膝状，大腿、脚外侧面平铺于地面，脚踝外侧在下，与右腿相交叉。同时，两臂屈肘，两前臂及手掌平撑于体前地面处。目视前方。

第三，盘腿跌的动作要求。身体腾空向左旋转，要沿身体斜轴旋转，身体上、下肢各部位落地支撑要同时完成。

（四）鲤鱼打挺

第一，鲤鱼打挺的预备势。身体仰卧、两腿伸直。两臂屈肘，反臂后伸于两肩前，两掌触撑地。目视上方。

第二，收举腿团身。接上动。上肢、头不变，两腿伸直，向头上卷体团身，摆举腿。目视上方。

第三，挺反背弓撑手。上动不停，两腿向前上方伸摆，当摆过垂直面时，迅即向下弧形摆压腿，体上挺，展腰。两膝微屈，两脚稍分开瞬间腾空，经反背弓状过程。同时，两掌撑地，肘稍屈向上推。目视前方。

第四，收腿屈蹲立起。上动不停，两脚继续下摆内收落撑地。上体稍立起呈半蹲状。同时，两臂掌用力上推离地前摆，肘稍屈于胸前平举。重心顺势前移站立起。目视前方。

第五，鲤鱼打挺的动作要求。腿向上摆动幅度要大，两腿摆过垂直面向下压快摆时，脚要内收且快速向下压打。同时，需要低头，上体挺直、挑腰、臂前摆；两手上推的动作要连贯协调。

第六章　中华武术经典套路动作的技艺之美

中华武术经过数千年的历史积淀，形成了许多经典套路动作，每种套路动作都有着独特的美感。其中，以柔克刚、以静制动的太极拳，刚猛无俦、气势磅礴的八极拳，灵活多变的棍法与枪法，凌厉迅猛的刀法与剑法等作为中华武术的经典套路动作，更是将中华武术的技艺之美展现得淋漓尽致。

第一节 太极拳与八极拳套路动作

一、太极拳技术教学

（一）太极拳的功能与特点

太极拳因为拳法变幻无穷，所以用中国古代的“阴阳、太极”这一哲学理论来解释命名。太极拳是我国的非物质文化遗产，其蕴含的思想是我国传统的儒家思想、道家思想，它以太极阴阳辩证理念为发展核心，具有修身养性、强身健体的作用。太极拳中融合了古代引导术、吐纳术、阴阳五行之变化以及中医经络学的相关知识，形成了一种相对柔和、轻灵、速度缓慢、内外兼修的传统拳术。

1. 太极拳的功能

太极拳原是我国民族形式体育武术的项目之一，自十六世纪以来，即作为强身、防病与延寿的方法在民间广为流传。[①] 太极拳一直被当成健身运动，它的这一作用是经过广大人民群众验证的，广大人民群众在使用太极拳进行身体锻炼时，发现它有强身健体、预防疾病的作用，对于日常保健来讲有一定价值。太极拳运动要求动作安稳舒展、轻松柔和、连绵不断，既要使肢体关节、肌肉依照一定程序节节轮换地进行运动，又要达到全身活动的完整与协调，使练习者身体能获得良好的休整与锻炼。练习太极拳时，要求“心理安静”“精神集中”“以意识引导动作”，以达到消除人们在日常劳动中的紧张与疲劳、身心休息的目的。[②] 近年来，人们发现太极拳除可以强身健体之外，还有助于高血压、结核病以及心脏病的治疗，人们开始把太极拳当作运动疗法，在治疗某些疾病时除使用医药治疗之外，也会使用太极拳来治疗，因此，太极拳越来越受到人们的欢迎。

太极拳有自己独具特色的运动方式、运动特点、运动要求，它能够达到的健身功效也是其他运动无法达到的。在练习太极拳的过程中，全身上下所有的关节、肌肉都会参与其中。与此同时，练习者还要调整自己的呼吸，做到心平气和，这种锻炼方式可以调节人的中枢神经系统，有助于改善人的器官机能。

---

① 家康、梁钟：《中年抗衰老150法》，广西人民出版社，1992。
② 李旺华：《武术与养生》，中山大学出版社，2003。

（1）太极拳对神经系统的作用

神经系统主要负责身体内各项系统的运作以及器官之间的活动调节，在练习太极拳的时候，要求练习者心平气和，全神贯注，这在一定程度上可以锻炼他们的神经系统。随着社会发展程度的加深，人们的生活节奏越来越快，很多人的大脑经常处于紧张状态，这很容易导致疾病的产生。打太极拳时呼吸均匀深长，有利于吐故纳新，且使横膈肌随之上下运动，加之腰身转换，对内脏起到很好的按摩作用[①]。在练习太极拳的时候，通过意志去控制身体可以有效地缓解大脑的紧张状态，让大脑处于休息和放松的状态。

在太极拳的练习过程中，要求放松、平静，这可以缓解大脑神经的紧张状态，长时间的锻炼和坚持可以让大脑的功能慢慢地恢复到正常状态，还能增强身体的免疫力，这将有利于解决失眠、记忆力衰退、头晕等问题。除此之外，其他和神经系统功能障碍有关的问题也能够得到一定程度的缓解。

（2）太极拳对心血管系统的作用

太极拳的动作是非常慢的，而且动作转换非常柔和，所以，它不会像其他的剧烈运动那样可能导致人的血管出现问题，进行这项锻炼可以提高人的血管弹性，使血管神经处于稳定状态。太极拳的要求是保持肌肉、关节放松，在这样的状态下，血管会变得舒张，越来越多的毛细血管呈现开放状态。这种情况下，外周血管要承受的阻力就会减小，心脏没有那么大的负担，身体中的气血可以更好地运行。如果坚持练习太极拳，那么高血压问题将得到一定程度的改善，血管硬化问题也会有所改善。

除此之外，太极拳强调“以心行气，以气运身”，注重呼吸稳定、有节奏，这会加快血液循环和淋巴循环，整个人的气血就会处于流畅运行状态。在这种情况下，外周组织的血液供应也会增加，人的身体内部瘀血症状会有所减轻，换言之，练习太极拳可以减少或消除人体内的瘀血。太极拳运动过程中对氧气的要求属于中等或低等，如果经常进行这样的练习，那么人的心血管系统机能也会有明显的改善，心肌血液供应、心脏泵血能力以及氧的利用率都会有明显的改善或提升。太极拳对于心脏疾病、高血压有很好的治疗作用，还可以调节人的气血脉络，长期锻炼可以达到健身延年的目的。

（3）太极拳对呼吸系统的作用

因为太极拳非常注重“意气运动”，在练习的时候要求呼吸细且深长，同时

---

①　施仁潮：《胃肠病中医保健》，人民卫生出版社，2000。

让气息下沉到丹田，这样人的膈肌能得到更好的锻炼，呼吸能有更深的深度。当通气量增加之后，进入人体中的氧气量也会随之增加，这会加速人体的新陈代谢，血液中的氧气含量提升将使人体各种脏器器官的功能得到一定的增强。如果练习太极拳的环境非常好，含氧量特别多，人体可以进行更频繁的气体交换，呼吸系统也可以得到更好的锻炼。换言之，它对呼吸系统疾病的治疗有一定的促进作用。

（4）太极拳对消化系统的作用

练习太极拳的时候要求做到“虚胸实腹，气宜鼓荡”，在这样的要求下进行练习，腹腔血液可以得到更好的循环，血液供应也会变得更充足。而且，静脉中的血液会以更快的速度向心脏流动，这使平滑肌能够获得的氧气数量变得更多，消化器官的功能可以得到一定的增强。同时，太极拳使用的呼吸方式也会让隔膜进行上下运动，从而让肠道分泌出更多的消化液，有利于食物的消化和吸收。长期进行太极拳训练能够改善消化系统，可以在一定程度上预防肠道疾病的发生。

（5）太极拳对骨骼、肌肉、关节的作用

太极拳的动作要求腿部处于屈膝或半蹲的状态，在这样的状态下，腿部可以缓慢移动，这种运动状态可以锻炼人的骨骼细胞，让腿部肌肉更有力量，而且能够加快静脉中血液向心脏的回流速度，避免下肢静脉曲张。太极拳还注重动作之间的“上下相随、周身协调”“一动无有不动”，这可以使全身的关节、骨骼以及肌肉被充分调动，从而提升骨骼韧性与肌肉力量，使关节变得更灵活。

太极拳还提出了“含胸、松腰、拔背”，以“腰脊为第一主宰”的要求，这样的要求有助于改善人的脊柱状态以及脊柱部分的组织结构。通过以人的腰部为中心，躯干可以带动各个肢体进行多项运动，同时对人的肾脏进行一定的按摩，帮助练习者改善和提升肾功能。所以，长期进行太极拳运动可以让人的气血更旺盛，同时加速肌肉的新陈代谢和增强骨骼的韧度，从而提升骨髓细胞的造血功能。

（6）太极拳对增强心理健康的作用

太极拳练习要求自然随意，不急不躁，以意导体，以心行气。在“致虚极，守笃静”的意念下，调心、调息、调身，达到意、气、体三者的协调配合。经常练习太极拳可以缓解心情，减少和消除各种精神压力和心理问题，有效调节人的情绪，改善心理健康，提高生活质量。

心理健康是现代健康概念的重要内涵。健康是指身体、心理和社会适应都处于良好的状态，而不仅是躯体上没有疾病。心理健康指在身体、智能及情感上保持同他人的心理，并将个人心理发展为最佳状态。随着年龄的增长，个体的生理发育已趋于完善，而心理发展虽然逐渐走向成熟，但还处于尚未成熟的阶段。当遇到干扰，产生思想矛盾，个人愿望与实际发生冲突而不能很好地找到解决办法时，往往会引起各种心理问题。此时，太极拳松柔缓慢、精神内守、以意导体的独特作用得以凸显，对人们的心理健康具有积极的促进作用。

第一，调节改善情绪。不良情绪是导致心理不健康的主要因素。太极拳运动在心理、意识方面强调精神内敛，专心致志，能够有效降低因各种原因造成的紧张与不安，缓解精神压力，调节人的情绪，改善心理健康状况，属于一种中低强度的有氧运动。人的机体对于适度的运动会产生良好的生理和心理反应。这种能够给予机体有效刺激而又不会导致机体损伤的适宜负荷运动，是理想的健身健心运动，有助于改善个体的情绪和心理。

第二，提高智力水平。练习太极拳不仅可以缓解因长时间看书学习，过度脑力劳动所产生的大脑神经疲劳，细胞兴奋性降低、反应迟钝、学习效率下降等现象，而且有助于个体提高注意力、记忆力、想象力和思维能力，使他们的情绪稳定，疲劳感缓解，进而提高学习效率，促进智力发展。

第三，培养坚韧不拔的意志品质。练习和提高武术技术、技能需要持之以恒，有毅力、恒心和克服困难的决心，这在提高身体抗寒御暑的同时，还能磨炼意志，培养吃苦耐劳的精神，提高适应自然变化的能力和坚忍不拔的意志品质，对个体现在和将来的学习、生活、工作，以及形成良好的心理素质、健康的人生态度都将起到积极的促进作用。

第四，增强人际关系。良好的人际关系是心理健康的重要因素之一。群众性武术活动讲究“以武会友”，通过习武的共同爱好，互相切磋技艺，交流思想，可以使人心情舒畅、精神饱满，增进武友之间的友谊，丰富习武者的业余文化生活，提高其生活质量和适应能力。

2. 太极拳的特点

（1）体松心静、中正安舒

体松指在太极拳练习过程中，只需维持必要的动作姿势，身体尽量处在相对松弛的状态，使身体自然舒展。心静是指排除杂念，调整呼吸，将注意力集中在肢体动作上。中正安舒指在练习时，身体保持正直、自然、舒展，不应东倒西歪、前俯后仰。

（2）柔和缓慢、绵绵不绝

动作要缓慢、柔和、连贯、绵绵不绝，各式之间要连接紧凑，不得停顿。柔和还体现在手臂姿势要保持弧形，两臂动作路线要保持弧形。

（3）动作与呼吸、意念相结合

初学太极拳时要保持自然呼吸，练习到一定程度时，应将呼吸与意念配合起来，才能取得较好的锻炼效果。太极拳的呼吸一般与动作相配合，即起吸、落呼、开吸、合呼，如起势、收势动作，两臂向上抬起时吸气，下落时呼气；两手张开时吸气，合时为呼气。动作与意念的配合，排除一切杂念，将注意力集中到动作上，以意识引导动作。

（二）太极拳的技法要点

1. 虚灵顶劲

虚灵顶劲，也就是虚领顶劲、“顶头悬”的意思，它是太极拳锻炼对头部姿势方面提出的具体要求。头摆正、顶放平、项挺直、颏回收，头顶百会穴处需要向上轻轻虚领，按照这些要求即可做出一套规范化的动作。头摆正是顶放平、项挺直、身体正的基本前提；颈项保持竖直状态，人才能有精神；身体正才能舒畅安逸，将身体重心稳稳地控制住，动作才能沉稳，劲力才能齐整。

2. 沉肩坠肘

沉肩指的是松肩之后让肩臂保持垂沉状态。沉肩的时候，两肩需要稍微向内呈现合抱状态，这时胸部会呈现为涵空、脊背会变成圆形，空腋会帮助两臂更灵活地运动；坠肘指的是让肘部保持自然的垂坠状态，这时，肘部的内部会出现一种沉重感，它会让两肘在垂坠的时候感受到向里的包裹力量。沉肩与坠肘存在关联。如果有一方被忽视，另一方就会受到不良影响。

3. 含胸拔背

含胸指的是胸廓应该稍微向内，这样胸部会产生一种宽舒的感受。从外形来看，含胸的时候肩锁关节会变得松沉，肩胛也会稍微向前面扣，肋骨会收敛，胸腔的上径、下径也会变长，这可以让膈肌顺利地下降，进而促进腹式呼吸和气沉丹田的形成，重心也会跟着下降，整体动作看起来是稳定的。如此一来，太极拳要求的上虚下实也可以实现。

拔背与含胸两个动作既相互制约，也相互联动，含胸的动作连带着拔背的产生。拔背指的是含胸的时候肩部以及背部肌群变得松沉之后，背部会产生一种被后拉的身体感觉，这时，肩胛会变得内含，第七颈椎和第一胸椎的地方会微微凸起，背部肌肉也会有一些绷紧感，因此，把这个过程叫作拔背。含胸拔背不仅能够促气下沉，还能帮助习武者松肩和垂肘。

4. 气沉丹田

气沉丹田指的是呼吸的时候应该使用细、柔、匀、长的呼吸方式，用意识去引导呼吸，让气体慢慢地沉入腹部丹田。柔长的呼吸强调呼吸的时候需要使用腹式呼吸法，与此同时，“意守丹田”可以让小腹变得更充实。腹式呼吸需要和具体的动作相互配合。通常情况下，呼吸和胸廓张缩、手臂屈伸、肩胛开合、动作虚实、身体起落、步法进退等有密切的联系，这些动作可以让呼吸满足人体的生理机制，同时满足太极拳的动作要求。在人的意识控制下，达到身动、气敛、心静、神舒的目的，从而使动作更加协调、圆活、连贯、飘逸、沉稳。

5. 舒指坐腕

舒指是让手掌指头处于自然的舒展状态，坐腕指的是让掌指保持向手背一侧自然竖起的状态。坐腕也被叫作踏腕，通常情况下在手臂动作终止的时候，要做到坐腕舒指。从本质上来看，舒指坐腕指的是完整地进行上下一气的总体效应落脚点。

6. 松腰敛臀

松腰指的是让腰部肌肉群放松，它的作用主要有两个：①配合含胸动作、拔背动作、敛臀动作，帮助气体下沉，从而达到实腹追求的效果；②松腰时，腰椎会进行更灵活的转动，可以促进腰部带动四肢更好地运转。太极拳理论指出“腰为主宰”“腰如车轴”，这足以看出腰部的重要程度，但想要满足这些要求，还必须做到松腰。敛臀指的是做到松腰之后，慢慢收敛臀部，让臀部把小腹慢慢地托起。

7. 圆裆松胯

圆裆指的是腿需要胯根撑开，然后和吊裆、扣裆、裹裆结合，这样的体态能够为两腿抽换留下更多的空间和活动余地。在做吊裆动作的时候需要提顶，这时会感觉身体内有一根看不见的绳子系着头部的百会穴，下面牵着会阴穴，在这样的控制下，裆胯无法向侧方倾斜。这时，配合腰部松沉、臀部收敛，便会形成圆实的裆劲，上下都会随之出现整劲。

松胯做好之后，才能做到步法轻灵、稳健，腰胯放松之后，人的腿部肌群也会放松，不会处于僵硬状态，拳势提出的要求也会使膝部一直处于微屈的状态，屈膝有助于活步。在这样的状况下，步法进退、步法转换以及腿法才能做到运行自如、灵便。除此之外，腰胯保持放松状态也有助于气息的运行。

8. 尾闾中正

尾闾中正指的是太极拳运动过程中要让尾闾与第七颈椎始终保持直线状态，身体也要处于中正状态。从这一点可以看出，尾闾中正主要影响身躯以及动作姿态的“中正安舒”“支撑八面”。除此之外，尾闾中正还会对下盘稳固、上体灵活产生重要影响，动作姿势无论屈直，身躯必须保持中正。

（三）太极拳的动作要求

1. 头部

在进行太极拳动作练习时，头部应该始终保持自然上顶的状态，颈部肌肉应该灵活舒展，不应该僵直生硬，在转头的时候也要保持头部稳定，不能东倒西歪，也不能随意摇晃。当身体位置出现变化之后，头或者颈部的动作也应该随之变化，换言之，头和颈部应该和身体躯干保持连贯性、一致性，同时，面部应该保持自然状态，使用鼻子进行呼吸，嘴不要张开，眼神要跟随身体动作的变化而变化。一般情况下，眼神是注视前面的手掌的，或者向前方平行看去，练习时，不要皱眉闭眼，要保持精神集中，这样才会增强锻炼效果。

2. 关节

在练习太极拳时，肩和肘的关节应处于放松状态。在运动的过程中，关节应该松沉，与此同时，在意识的引导下，向外慢慢引伸，这样手臂才能有回旋的余地。

3. 胸背

太极拳对胸背的要求是“含胸拔背”。“含胸”，即胸不用力外挺，但也不要过分内缩，应顺其自然。“含胸拔背”存在一定的联系，背部肌肉也会在两臂伸展的时候随着舒展。不仅如此，这个时候胸肌也会变得松弛，为避免胸肌紧张，胸做到了“含”，背也会变成“拔”的姿态，此外，还可以避免胸肋之间产生的紧张感，使呼吸保持自然。

4. 腹部

初学太极拳的人，要着重练习松腹，他们应该尽可能地减少腹肌产生的不必要的紧张，在经过一定时间的锻炼之后，才可能使腹内充满“气”的感觉，这种感觉就是“实腹”。

5. 腰部

在练习太极拳的过程中，练习者的身体应该端正安舒、不偏不倚。在做动作时，要以“腰为轴”，以腰带动上肢的动作。比如，做“云手”时，两臂左右绕动，以腰为轴，以腰的左右转动带动两臂左右绕动。为了使腰带动四肢动作灵活且上下协调，腰部要自然向下松垂。通过腰部维持身体重心，练习者的动作可以既轻灵又稳定。

6. 臀部

太极拳练习非常注重臀部的动作和姿势，它对臀部提出的要求有垂臀、敛臀等，这些要求可以减少臀部在运动过程中的左右摇晃以及向后凸出。遵循动作规范可以让臀部始终保持自然下垂的状态。太极拳练习提出的松腰、正脊要求练习者有意识地让臀部肌肉收缩，这样可以让躯干保持正直的状态。总之，练习者应该有意识地去调整臀部，不要使用过大的力气。

7. 腿部

太极拳对腿部的要求是要做到松胯、屈膝，与此同时两脚应该轻起轻落，这样下肢动作才能做到轻、稳，才能保持进退灵活。腿在迈出的时候，一条腿应该支撑整个身体的重量，这样可以让重心处于稳定状态，另一条腿应缓缓迈出，落脚的时候要做到轻巧灵活。脚在向前迈进的时候，脚跟应该先和地面接触；脚在向后退的时候，脚掌应该先和地面接触，这样才能做到落地踏实。横着迈步的时候，侧出腿应该先让脚尖落下，之后才是脚掌、脚跟。跟步、垫步动作应该是脚尖、脚掌先落地。在蹬腿和分腿的时候，动作应该快慢适当，身体也应该保持平衡或稳定状态。摆腿或拍脚时应该放松。

（四）二十四式简化太极拳技术教学

太极拳是我国宝贵的民族文化遗产，是人们在长期的生活实践中创造出来的一种行之有效的身体锻炼方法，具有强身健体、锻炼意志、陶冶情操、竞技比赛、娱乐欣赏、交流技艺、增进友谊的功能，是一项具有广泛社会价值和民族文化特色的中华民族传统体育项目。二十四式太极拳是以杨家太极拳为基础，通过合理简化，保留拳法精华而来的。[①]二十四式简化太极拳作为我国高校武术选修课程的一项重要教学内容，在教学过程中，应克服教学时数少，学生武术基础不牢，太极拳对人体姿态、动作的配合、意识、呼吸等要求较高的困难，使学生更快掌握与领会技术动作，真正起到强身健体的作用。

1. 结合技术动作攻击防守

太极拳有很多积极作用，如养神、固肾、益气、健脾、养筋骨、畅气血、利关节，太极拳的动作基本是舒缓、流畅的，追求动作的细致，这些特点使得太极

① 郝士凤：《24式简化太极拳的翻转课堂教学模式研究》，《文体用品与科技》2019年第19期，第46页。

拳的自卫、防身作用被忽视了。在太极拳动作的教学过程中，教师应该注意攻击防守的结合，这可以改变学生把太极拳当作单纯健身运动的思想观念，从而使其意识到太极二十四式具有的基本特征，激发对太极拳的学习兴趣，真正做到劲力内蓄的涵养。

分析简化太极拳，可以发现它的第一组动作是起势动作，它是非常经典的防守动作，这个动作可以让被攻击者从攻击者的双手束缚中解脱出来。比如，“左右野马分鬃”中的“左”，如果攻击者从左面进行拳击，并且击打面部，那么己方应该顺应他的攻击姿势进行闪躲，使用自己的右手把攻击者的右手手腕固定住。与此同时，让自己的左脚插到攻击者右脚的后面一侧，并且把左臂直接插到攻击者的左侧腋下，与攻击者贴紧，以较快的速度拧转攻击者的上体，让攻击者失去重心，这样就可以把攻击者摔倒。

2. 利用多种教学工具和教学手段

合理使用不同的教学工具或改善之前的教学方法都有助于教学效果的提升，如果太极拳教学只使用单一的动作示范教学方式，那么学生对动作的掌握可能达不到良好的效果。除动作示范教学方式之外，教师还可以使用电视录像等多媒体设备进行教学，方便学生更直观地学习动作。

在进行“左右野马分鬃”教学的时候，有一个动作需要双手体前“抱球”。假设教师只单独进行了动作示范，那么学生的学习效果可能并不好，但是，如果可以在动作示范的时候，使用篮球让学生将篮球“抱”在体前，那么学生可以更好地理解动作要领；学习“双峰贯耳”这个动作时，可以让学生彼此进行动作的教学练习。

辅助教学的方法比较多，教师可以针对教学内容做出科学的选择，但要注意动作要全面地示范和展示，这样才有助于学生加深对动作的理解程度，达到提升教学效果的目的。

3. 表象意识与民族音乐渗透教学

表象艺术有助于提高运动技能，这是因为人在观察运动表象的时候，可以按照顺序对动作进行练习，大脑也会将这些动作图式慢慢地记下来，形成固定思维。在多次练习之后，就会形成固定图式，这会极大地提升学生的动作技能。所有的记忆都需要从表象意识开始，如果学生接受过太极拳的初步学习，那么表象就会被唤醒，大脑就会对表象进行一定的排练，这个时候身体应该和大脑当中的排练进行配合，这样可以提高学习效果。除此之外，也可以简化一些动作口令，这有助于学生更好地学习，在学习动作的过程中，学生难免会感觉到动作无聊或者枯燥，这时教师可以使用有利于动作教学且相对轻松的音乐，提升太极拳练习效果。

练习太极拳非常注重身心之间的结合，如果能够做到身心结合，那么练习效果也会成倍提升。将音乐和太极拳练习结合之后，音乐可以发挥对教学的渗透作用，同时激发学生对太极拳的学习兴趣，学生将形成更好的音乐素质，促进其身心健康发展。除此之外，教师要培养学生形成全民健身的良好意识，让学生自觉、主动地参与健身练习。

二、八极拳技术教学

八极拳是一个繁杂的有机体，从单一的技击术到成为多元的文化有机体，其内在的价值总是随着社会变迁和人的主观意愿以一种非线性的流变不断丰富和更迭。[①]

（一）八极拳的特点

1. 八极拳的技术特点

八极拳是中华武术中的一种拳法。因其发力可达四面八方极远之地，故名为八极拳。它开始流传于河北、天津、北京一带，现已流传全国。其主要内容有小架八极、火架八极、新架八极、刚架八极和八极对接。八极拳是拳、掌、腿兼用，并多肘法和臂法[②]。八极拳属于短打拳法，其动作发力于脚跟，行于腰际，贯于指尖，因此爆发力极大，具有极强的技击性。八极拳的动作虽然不多且简单，但技巧非常全面。无论上、中、下三盘，或者内、外门，以至长攻、短打，都有全备的技巧，不偏重任何一种打法。八极拳在技法上以“六大开”“八大招”为主，讲究挨、撞、挤、靠、崩、撼、突、击等技法，在近距离内注重连珠炮式的打法，攻防意识极强。

“六大开”指“顶、抱、担、提、挎、缠”六种基本技法，它们贯穿八极拳的所有招法，是各种动作的母系。“顶”是指上领、下沉、左顶、右拉四面八方之劲发力的十字整力；“抱”是指紧缩一团，枕戈待发，寓攻于防，防中有攻的技法；“担”是指以拳轮为力点，由上往下的盖、砸拳法；“提”是指腿法之变化；“挎”是指弯臂短击法和快摔法；“缠”有大小之分，小缠缠腕，大缠缠臂。

---

① 张垚、马敏卿、董慧娟：《求存到传续：八极拳价值变迁研究》，《武术研究》2023年第8期，第12页。
② 温敬铭、童忠良、阮璞：《简明体音美辞典》，湖北人民出版社，1986。

“八大招”是八极拳技法的核心，是历代八极拳名家归纳的精髓。它们不只是八个简单的技法或招式，而是由几个凌厉的技法组合而成。之所以称为大招，是因为它们技法巧妙、劲力暴烈。

2. 八极拳的劲力特点

劲力是武术拳种的核心元素，劲力被一致认为是经过长期训练后所表现出来的一种与武术技法相融的肌肉力量。任何一种招式，都伴随一种劲力；同时，任何一种劲力都要借助一定的形体动作，这就是劲力与技法之间互为依存的辩证关系。力是劲的基础，劲是对力控制和使用的能力。八极拳是力量型拳法，在劲力上追求挨、撞、挤、靠、崩、撼、突、击等劲法。八极拳的劲力以短促暴烈为主，注重近身、顶缠，以突发的贴身冲撞制人。

3. 八极拳的套路特点

八极拳以头足为乾坤，肩膝肘胯为四方。以意领气，以气摧力，三盘六点内外合一,八方发力通身是眼，浑身是手，动则变，变则化，化则灵，其妙无穷。八极拳套路结构严谨、短小精悍，这是短打类拳术的显著特点。八极拳的套子只有大小两种，小架只有十几个动作，可谓简洁之极；大架（即八极拳，合练为对接）虽有四十多个动作，但除去重复的动作仅有二十几个。

八极拳动作刚脆有力、迅猛遒劲、朴实无华、舒展大方、势动神随；多使用肩、臂、肘、胯、膝等部位冲撞靠摔，加之重脚震地、虎虎生风、以气催力、声助拳势。八极拳拳法发劲刚猛、暴烈骤变、疾如闪电、猛起猛落、硬开硬打、刚柔相济、贴身进发、三盘连击、招数连贯；劲力松紧相间、顺达，气势磅礴。擅肘法，多直线往返，跃进中以势险夺人，进击中以节短取胜。八极拳步法稳健灵活，根底稳固，讲求脚不离地，拳路中少有蹿、蹦、跳、跃等动作，而且腿法也较少，其要求下盘根基稳健，一招一式都要稳如泰山。

4. 八极拳的对搏特点

八极拳应敌时，行走如龙、威猛如虎、沉稳如熊、敏捷如猿、精灵如鹿、扑击如鹰、突撞如驼，手、眼、身、法、步随意一体，并发挥到极限，即心态极稳、胆量极大、身法极快、出手极狠、力道极强、技法极妙、时机极佳、目标极准。八极拳技击讲究彼不动，我不动；或彼不动，我以引手诱敌发招，随即用崩开裹进之法强开对方之门，贴身爆发。要求习武者眼随手转、手脚齐到、上打下封、紧逼硬攻、长短兼施，做到攻中有防、防中寓攻。

任何一种精妙的拳术，要在搏击实践中充分发挥其技术，依靠的是快捷灵活的步法，而八极拳可以在快速移动步法的同时施展拳法，做到手眼身法步相合一体。八极拳技击有眼快在于心、手快在于身、身快在于足的要诀。

（二）八极拳擤气功

1. 八极拳擤气功的作用

擤气功是八极拳非常重要的内容，它有稳下盘、增劲力、壮筋骨、促六合的作用。

①稳下盘。通过擤气，促进内气下贯，从而使下盘稳固。

②增劲力。通过擤气激发丹田之气，由肢体的发功点发出，可以增加发功点的打击力度，从而透入对方体内，伤其内脏器官。

③壮筋骨。擤气瞬间可提高身体各部位的抗击打能力，也可利用擤气产生反弹之力伤及对手。因此，对手用力越大，受伤越重。

④促六合。外三合为“手与足合、肘与膝合、肩与胯合”，是对身体外形协调一致的要求。内三合中的“心与意合、意与气合”，是对人体内在因素和精神方面的要求，“气与力合”则是沟通内外的关键环节。

2. 八极拳擤气功的练习

擤气功常见的错误是没有擤气、单纯模仿、要领不明、时间过长、气力不合。所以正确练习擤气功要做到以下几点。

①明确擤气的过程和要求。八极拳的擤气是指在发力的瞬间快速排出体内的浮气，从而使内气下贯。擤气的关键是整个过程要在极短的时间内完成，并且要与发力同步。

②分清楚“哼、哈”二气的区别。“哼、哈”二气的区别是由擤气的程度决定的，而擤气的程度又取决于发力，即擤气与发力在程度上应该是高度一致的。发力小或打暗劲时，擤气则轻微，这时排出浮气的量也小，只用鼻腔即可完成，此时气流通过鼻腔所发出的声音是“哼”。

发力较大或放足劲时，擤气则重，这时排出浮气的量也大，而鼻腔狭窄，显然不足以完成任务，这时就需要用口腔补充，甚至以口腔为主，以保证擤气的顺利完成。由于大部分高速气流由口腔通过，因此发出的声音是“哈”。

（三）八极拳蹲桩功

八极拳蹲桩功练习以“两仪桩”为主，练习者必须精修勤悟。

1.“两仪桩”教学动作与要求

两腿下蹲站立呈马步，双脚分开距离为练习者脚长的2～3倍，大腿与小腿夹角在90° ～110° 。两脚平行，脚尖稍内扣。右（左）手握开口拳（五指扣拢住，虎口撑圆，拳心呈通状），劳宫穴向上，上肘弯曲置于胸上方、腮下处。左（右）手握开口拳，劳宫穴向下，下肘弯曲挎于胸部乳下方侧处。

练习时，需要头顶悬领，双目平视，微收下颌，颈顺挺项，齿扣唇和，舌抵上颚，松肩沉肘，背圆胸空，握开口拳，双膝内扣，敛臀裹裆，塌腰坐胯，两足分立，圆裆撑膝，双脚抓地，脚跟内旋，气发丹田，气息绵长，闾尾中正，贯气行体，神圆自如，心无杂念，浑圆一体。

2.“两仪桩”教学的注意事项

①选择清凉、安静的场所（如草地、树林或溪畔处）练功。

②无论在室内还是室外练功，都应严格要求，蹲好拳架。但也不可蹲沉过低，一般以臀部稍过自己膝位即可。如架子过低，容易蹲成“死板”，而过高则又会因身体乏力而不稳固。

③练功时应该内外如一，身心透空，身正势稳，劲力通达，从而增强自身的功力。

④练习“两仪桩”功法之呼吸，通常用腹式深呼吸法。行功修炼时要自然呼吸，“鼻吸鼻呼”，深吸缓呼，意守内丹，气行周身，腹实胸畅，气畅劲达。

（四）八极拳跺脚功

八极拳的“跺脚”也称“跺子”“震脚”，是八极拳特有的风格特点。所谓“跺脚”，即练习者在行拳、练功时，抬脚离地寸距后向地面跺踏，通过训练提高此能力便是八极拳的跺脚功。

1. 八极拳跺脚功的要点

①选择适宜的练习场地。跺脚功练习最好选择在土质地面或武术专用地毯上进行。

②循序渐进。练习时由轻渐重，以轻为主。初学者不要轻易发力，需通过多练暗劲，使劲力练得和顺、周身协调一致后再循序渐进尝试发力。即便有一定的功力者，也要明劲、暗劲交替练习。

③与擤气配合。跺脚功练习本身就是一种擤气、发力的过程，二者相合一体，不能出现任何一种的超前或滞后现象，更不能在跺脚时没有擤气，同时擤气的程度要与用力的轻重相一致。

④方法要正确。练功时腿要适度弯曲，过直不利于缓解地面的反作用力，过曲则易使跺脚与整体劲力脱节，从而产生局部用力、整体不合的现象。初学者腿的弯曲度可略大一些。

2. 八极拳跺脚功的内容

练习者必须掌握好跺脚技术，然后逐步提高跺脚的功力，并从中悟出八极拳的精华所在。八极拳的“跺脚”有原地跺、上步跺、退步跺、双脚跺、单脚跺、碾脚跺等，而且有轻、重、缓、急、明、暗的区别。练习跺脚功时，要细体悟、常修炼，才会有进步。

3. 八极拳跺脚功的作用

①助拳势。通过练习跺脚技术，全身劲力可以协调和顺，从而有助于上肢、躯干等部位的发力，增加打击力度。

②固根基。发力产生的沉坠劲，通过跺脚直透地表，扎向地下，人的脚下可以生根，下盘稳固，在瞬间增加脚与地面的摩擦力。

③增功力。长期的跺脚功练习可增加下肢的劲力，产生较强的踢透力和抗击力，从而练出一双坚硬的“铁脚”。

④攻下盘。拥有强大的跺脚功力，实践时可以跺踏对手的脚背，跺中则可碎其脚趾、脚骨，跺不中也可占据中门，扰乱对手的心法、节奏和招式等，又可吃住其下盘，施展三盘连击的技法，使对手防不胜防，极具实效性。

⑤存威慑。跺脚功的运用可产生山崩地裂的气势，实践时可以起到威慑对手的作用，在心理上给对手施以压力，使其产生畏惧感，产生先声夺人的效果。

⑥变方位。跺脚有助于突然改变体态、重心和发力的方向，练习者可随机应变，创造出有利于自己的实践局面。

第二节　棍法与枪法套路动作

一、棍法技术教学

“棍，古时称殳，为长器械的一种，几乎与中华民族有着同样悠久的历史，作为‘利器之本’其功能除防身外，亦被人们赋予了文化气息。”[①] 棍法是组成棍

① 马东成：《中国武术棍文化研究》，天津体育学院2012年硕士学位论文。

术运动的核心之一，也是发挥技击技巧的基础。掌握棍法是棍术入门的重要一步。熟练自如地运用基本棍法，有助于练习者提高技术，但其前提是正确掌握持、握棍的方法，熟悉棍器性能的本体感觉。这不仅能在练习时劲力顺达，更能凸显棍术的快速、灵活、变化万千的特点和勇猛的气势。

（一）棍法种类

常见的棍法有攻击性棍法、防御性棍法和过渡性棍法三种。

第一，攻击性棍法。攻击性棍法包括劈、摔、抡、扫、撩等远击性棍法和点、击、推、戳、挑、穿、盖等近击性棍法。

第二，防御性棍法。防御性棍法主要包括云、拨、格、挂、架、绞、崩、背棍、舞花等。

第三，过渡性棍法。在棍术运动中常因棍法及力点的改变，握把的方法也会随之有多种变化，所以攻击和防御的棍法也难以截然分开，有的棍法攻防兼备，在攻与防的变换中还有连接“过渡性”的棍术方法，如抱、夹、举、托、抛等。

（二）握把法种类

棍术练习中常用的握把法有实把、螺把、活把等。

第一，实把又称横握把。横握把手心向上为仰握把；手心向下为俯握把；仰俯握把也称阴阳把。

第二，螺把也称顺握把。在其他器械中，如枪术中的扎枪、剑术中的刺剑，其握把方法也均用螺把。

第三，活把均以拇指与食指为主控制棍的舞动，如舞花棍、单手背棍、提撩棍等均为活把握棍。

（三）肩背棍种类

第一，站立背后背棍。并步站立。体背后右手握棍把段，棍梢向左斜上方，棍中段紧贴左肩背后侧。右臂稍屈，向右侧斜下举，右手拇指与食指夹扣棍，活把握后段处，手心向后；左臂直，立掌向左侧推击。目视推掌方向。

第二，左侧点步背举棍。左臂稍屈，八字掌于左侧斜下按掌，掌心向后斜下方，指尖朝斜前下方；右手活把握棍把段，手心向前方，微屈肘于右侧斜上举。目视左侧斜前方。

第三，右弓步肩担棍。两臂屈肘撑圆，两腕内扣，两手心向下实握把于棍把段处；右手在前于胸前平举，棍中段担于右肩上成右侧稍后斜上举（或平举）。目视左侧斜前方。

（四）棍法基本动作

1. 劈棍

持棍迅猛、有力地由上向下劈，力达棍中前段。劈棍是棍术中主要的攻击性棍法之一。除常见的由上而下的劈棍之外，还有斜劈棍等。劈棍练习时，后手握把应把腰作为支点，以前手握把用力为主，与后手把合力下劈，协调一致。下劈快速有力，两臂微屈，前手伴随下劈可微向内坐腕滑把。

2. 摔棍

与劈棍要求基本相同，棍由上向下摆，接着摔击于地面，左手（前手）松握棍，以掌心一侧按压棍身，下肢蹲或做左仆步与摔棍动作协同完成。摔棍时棍必须平击地面。

3. 云棍

（1）头上平云棍

第一，头上平云棍的预备势。右后点步前举棍。两臂体前举，肘微屈，左手心向上托棍中段；右手握把段，手心向下于体前斜上举棍，棍把向右斜下。目视前方。

第二，右侧点步上云举棍。接上动。随体右转 90°，经右侧点步过程。同时，左手脱握棍，右手握棍，随体右转，向右上方摆云棍一周呈头上平举状，棍梢向左。右臂略屈右斜上举，手心向前握棍把段处；左臂掌顺势摆至右侧平举。目视前方。

第三，左侧点步站立背后斜举棍。上动不停，随体右转 45°，重心移至右脚成左侧点步。同时，右手握棍继续向前、右侧、后摆于背后斜下举棍，棍梢向左斜下。右臂微屈肘，手心向前活把握棍把段处；左臂经后旋，反臂左侧斜下举。目视左前方。

第四，头上平云棍的动作要求。云棍握棍手必须用活把握棍，并借助抡棍的连贯性与转体达成协调一致。

（2）侧云棍

第一，侧云棍的预备势。并步站立，左肩担棍。目视前方。

第二，弓步侧云举棍。接上动。左脚提起向左侧进步成左弓步。同时，左手脱握棍，右手持棍把段，随体左侧倾，贴近身体向右侧斜云棍成右斜上举，棍梢向左斜上方。右臂稍屈于右侧斜下举，右手活持棍于右髋侧，手心向内斜下方；左臂掌顺势向左侧斜下摆，肘稍屈，手心向后。目视右侧方向。

第三，弓步抡扫棍推掌。上动不停，以两脚支撑为轴，随体右转约 90° 成右弓步。同时，右手持棍，继续经体前下向右后扫棍，棍梢触地于右侧斜后下举。右臂直，体后反臂斜下举，手心向后；左臂掌随体右转向下、右上弧形摆于右胸前，随即向左侧方，平直推击掌，掌心向前，指尖朝左斜上。目视左掌方向。

第四，侧云棍的动作要求。上体必须向左侧倾，棍近身斜云棍接扫棍，动作连接紧凑不要停顿；右转体扫棍与左臂掌抡摆应以腰带臂，身械协调。目追视左掌方向。

4. 托棍

①托棍的预备势。并步站立，两臂屈肘，体前握棍平举。右手握棍把段，手心向下；左手握棍中梢段，手心向上。目视体前方。

②右弓步上托棍。接上动。左脚支撑为轴，右脚提起向右侧跨一步成右弓步。同时，左手变掌，手心向上托举棍梢段，臂稍屈；右手向前翻腕握把段，手心向前，屈臂向右侧斜上举，棍梢向左斜下。目视左侧方向。

③托棍的动作要求。托棍时要两手握棍，棍身由左斜下方向右上方托举，托举要快速有力，棍高不要过头。

5. 架棍

左腿伸直在斜前，上体后仰。右手握棍把处，手心向前；左臂直，掌心向上托握棍中前段，两手握棍于头上斜举架。架棍的动作要求是架棍要高于头，力点在握棍两手之间。架棍时棍身横平。托与架棍皆属防御性棍法，均为从下向上举棍，托棍高不过头，架棍高于头。

6. 盖棍

①盖棍的预备势。并步站立。体右侧斜上举棍，棍梢向左斜下。左臂左斜下举，左八字掌，手心向上触贴棍梢段下侧；右手握棍把段处于右侧上举，臂稍屈，手心向斜前下握棍把段。目视体前方。

②盖叉步状盖棍。接上动。左脚先向左侧跨半步，随即右脚提起，经左脚前外摆盖进步，成屈膝叉状步。同时，左手握棍中段，由下向上、向体右侧弧形摆盖击棍，棍梢斜下举，力达棍梢段。两臂屈，左上举，右手心向内，左手心向下。目视前方。

③盖棍的动作要求。盖棍以盖击头为主，动作要快速有力。

7. 崩棍

①崩棍的预备势。设甲、乙两方。甲做左弓步，乙做右弓步。甲、乙双方两手均握棍把端处。甲持棍向乙右膝部扎击，两臂稍伸直，于体前稍斜下举棍；乙两手合握棍把，向甲喉部方向直扎击，两臂与棍在体前呈平直举状。甲、乙双方对视。

②弓步崩棍。上动不停，甲以两脚为轴，随体右转 90° 呈右高弓步状。同时，甲视乙向腹部扎击，随即随体右转，手握把回抽棍于右侧腰间，棍稍上挑崩击乙棍，力达棍中前段，手心向内，左手向前滑把下压棍中前段，棍于左侧稍斜前上举。乙接甲崩击棍，随即右、左脚依次后撤呈右高弓步状，同时，两手握棍把端，顺势自然于体前斜向上摆举。甲、乙双方对视。

③崩棍的动作要求。崩棍用力要短促；崩棍时前手要沿棍向棍稍方向滑推，前臂内旋，坐腕下压棍，直臂。

8. 压棍

压棍时一般为两手握棍，棍身横平，由上向下按压。例如，甲两手持握棍上举，棍梢朝左。左脚在前呈右后点步状。乙持刀，右弓步向甲的喉部扎刀。同时，甲持棍从头上向下按压棍，迫使乙刀下移。

9. 拨棍

拨棍为下盘棍法，力点在膝与踝之间。乙开立步站，以左掌推击甲胸部。甲闪身，左脚外摆呈进步状，顺势两手持握棍，以棍梢段由体前向左后拨击乙左小腿处；乙随即提起左脚。甲、乙双方对视。拨棍的动作要求是拨棍力点在棍梢段，一般为左右连拨，动作幅度不宜过大，但要连贯、紧凑。

10. 扫棍

甲右脚进步呈右弓步状，同时，右手握棍把，以棍梢段向乙左脚支撑处抡扫，呈右斜下举棍状，棍梢端触地，甲左臂掌左斜下自然举摆。乙被甲扫击左脚，随即上提起状，顺势右拳向甲头部击打，左臂自然摆，上体稍后仰，上肢处自然位。扫棍一般为棍梢触地抡扫，用力短促、力点明确。

11. 挑棍

甲左半马步状，两手握棍向乙左膝窝后状，欲上挑乙腿。乙左进步状，右拳向甲头部击打，左臂、拳左侧上举，拳内扣，拳心向右。上动不停，甲上挑乙左腿。挑棍时一般为右手持棍把，由下向上翘腕挑，腰为支点上挑棍梢段，左手掌根下压棍中前段处。

12. 格棍

乙左脚呈进步状，右手持刀突向甲平扎刀，左手呈亮掌状。甲左脚呈进步状，左手在前，右手在后持棍；左臂稍屈内旋，手心向左，握棍中段；右臂外旋，手心上握棍后段于左腋前格挡乙扎刀，乙刀向后侧方向滑移；甲、乙双方对视。

格棍的动作要求是棍身向左（右）格挡，动作要快速有力；幅度不宜过大，最好在两肩向前延长线之间。

13. 提撩棍

①提撩棍的预备势。前后分腿站，前平举棍。两腿屈成前后分腿站立。棍把段夹置于右腋下，体前平举，棍梢向前；两臂屈肘体如举，左手托棍中后段处，手心向上；右手于左手后握棍中把段，手心向左。目视体前方。

②右提擦棍。接上动。下肢不变。两手合握棍，两臂屈，使棍梢向上摆、提撩，再向体右后、下立圆环绕一周，于左侧前平举棍，棍梢端向前。两臂屈肘，右手在下，手心向上托握棍；左手在上，手心向下。目视棍梢方向。

③左提撩棍。上动不停。重心前移。左脚提起经前进步状。同时，两手握棍，棍梢向体左侧上、后下、前立圆提撩一周，于体右侧前平举棍，棍梢向前。两臂屈肘，右反手，手心向右；左手心向上托握于右手前。目视体前方。

④提撩棍的动作要求。要活把握棍，以右手腕绕环为主，左手为辅；随棍运转掌握惯性进行提撩，在体侧运行时要近身、立圆、动作连贯；身体左右擦棍，稍自然转动。

14. 平抡棍

（1）原地左右平抡棍

第一，原地左右平抡棍的预备势。左侧点步站立。担举棍于右肩上，棍梢向后稍斜上方；两臂屈，两手合握棍把段于右胸前。目视左侧方向。

第二，点步左抡肩担棍。接上动。重心左移，随体左转约 90° 成右侧点步站立。同时，两手握棍向左平抡约一周半，棍担于左肩上，同预备势，唯动作方向相反。目视右侧方向。

第三，点步右抡肩担棍。接上动。重心移至右脚，随体右转约 90° 成左侧点步。同时，两手握棍向右平抡约一周半，棍担于右肩上。目视左侧方向。

（2）进步左右转体平抡棍

第一，进步左右转体平抡棍的预备势。左侧点步站立，右肩担举棍。目视左侧方向。

第二，左转体平抡棍点步。接上动。左脚提起，向左外摆进步支撑为轴；随体左转 180° ，随即右脚扣进步支撑为轴；随体继续左转 225° ，左脚随即提起，向左侧落步，重心移至左脚成右侧点步站立。同时，两手握棍，随体左转，于头上向左平抡约两周半，成左侧肩担棍，棍梢向后，两手握棍把位不变。目视右侧方向。

第三，右转体平抡棍点步。接上动。动作方法同左转体平抡棍点步，只是动作方向相反。目视左侧方向。

第四，进步左右转体平抡棍的动作要求。起动平抡棍要与肩同高，转体平抡接头上平抡，要平稳连贯，上下肢动作要协调一致。

（3）左右跳转抡云棍

左右跳转平抡转体，同左右转体平抡棍动作，只是第二步为腾空跳转。

第一，左右跳转抡云棍的预备势。左侧点步右肩担举棍，目视左侧方向。

第二，进步跳转抡云棍。接上动。左脚外摆进步支撑为轴，随体左转 360° ，右脚提起向左斜上跨摆，左脚上蹬离地，身体腾空状，右腿稍屈呈下垂状，左腿屈膝上提状。同时，两手握棍把段，顺势使棍由体后经右、体前抡摆至体左后，经稍右斜前上举棍过程。棍把向右斜前上方向。两手握棍于体右前，两臂屈成环状。目视左侧方向。

第三，点步左抡肩担棍。上动不停，右、左脚依次落地，重心左移成右侧点步。同时，两手握棍，向左平抡一周成左肩担棍。目视右侧方向。

第四，左右跳转抡云棍的动作要求。抡棍要迅猛有力，力达棍前段，动作要平稳连贯，上下肢动作要协调一致。

15. 拦击棍

①拦击棍的预备势。两脚开立步站立体前平举棍。两手合握棍把段，右手在上；左手在下，两臂略屈。目视棍梢方向。

②进步云举棍。接上动。右脚支撑，左脚提起向左进半步，经右高势弓步过程。随左脚向左侧进步，两手握棍向头上方左抡云棍约一周，棍梢向右斜后上方。两臂屈肘，左手心向下；右手心向上握棍把段举于右肩前。目视左斜前方。

③插步拦击棍。上动不停，左脚支撑，右脚提起，经左脚后向左侧插步成右插步。同时，体向右转约 90° ，两手握棍随插步向左侧平栏击棍，力达棍前段，棍梢向左。左臂略屈，手心向下；右臂屈肘，前臂横平置于胸前，手心向上。目视左侧前方。

④拦击棍的动作要求。插步向左侧拦击棍要与左转腰同时完成，发力要协同一致，上体稍向右侧倾斜。

16. 戳把撞击棍

①戳把撞击棍的预备势。两脚开立步站立。两臂屈肘，两手心向下横握把（实握把）于胸腹前平举棍，棍把向右。目视体前方。

②右弓步戳把。接上动。左脚支撑为轴，右脚提起，向右进步成右弓步。同时，两手握棍向右侧平摆戳把撞击，力达把端。两手握把位不变，屈肘。目视棍把方向。

③左弓步戳把撞击棍。上动不停，两脚支撑为轴左转成左弓步。同时，两手握棍把不变，向左侧平摆戳把撞击棍，力达棍梢端，成体前平举棍。左臂稍屈肘平举于体左侧；右臂屈肘，前臂左前平举于右腰侧。目视棍梢方向。

④戳把撞击棍的动作要求。戳、撞击棍两动，要连贯、快速、紧凑，与下肢步法协调一致。戳棍撞击时棍梢或棍把直线向右侧、左侧戳击。

二、枪法技术教学

（一）握枪法

握枪法作为中华武术中的一项重要技术，不仅是一种武器的使用方法，更是一种体现中华武术文化与传统哲学精髓的实践。在古代，武术的发展离不开兵器的运用，而握枪作为一种重要的兵器之一，在历史的长河中扮演了重要的角色。然而，握枪法不仅是简单的技术动作，更蕴含了丰富的哲学思想。

握枪法的训练不仅在于练就矫健的身手，更重要的是培养人的意志品质。在古代，握枪者需要经过长期的刻苦修炼，才能掌握精湛的握枪技艺。其中蕴含着对坚韧不拔、毅力与耐心的追求，这些品质在传统哲学中都是至高无上的美德。武术强调的是“以柔克刚”，而握枪法的精髓正是在于将这种柔与刚的平衡运用到极致。这种平衡不仅是技术上的表现，更是一种内心境界的体现，是对阴阳平衡、动静结合的追求，符合道家哲学中的“道法自然”的理念。

握枪法的练习还注重身心统一的观念。握枪者不仅需要灵活的身手和精准的动作，还需要具备一种内心的平静与专注。通过握枪的动作，使身体与心灵达到一种和谐共振的状态，这正是武术修行的核心之一。

握枪法的精髓之一是“以意驭气”。这种观念源于道家的“无为而治”，强调的是以意志引导身体的运动，使之达到最佳状态。在握枪的过程中，握枪者需要通过意念来调动内力，使得整个身体与握持的兵器达到一种契合的状态，而不是僵化地去追求某种特定的目标。

握枪法不仅是一种技术动作的训练，更是一种体现中华武术文化与传统哲学精神的实践。在握枪的过程中，人们不仅是在练习一种技能，更是在追求一种内心的境界。握枪者需要具备坚韧不拔的意志品质、身心统一的修养境界，以及顺应自然、尊重道德的精神境界。握枪法的实践不仅是对中华武术文化与传统哲学的传承，更是一种对人类精神的追求。

（二）枪法的基本动作

枪法的基本动作包括扎、拦、拔、拿、劈、点、崩、挑、缠、穿、扫、架劈、涮圈、背传出手等。

1. 扎枪

扎枪是枪术中最基本、最主要的攻击方法，是以枪尖直刺对方身体某个部位。枪必须直出，劲力达枪尖。扎枪时后手触及前手，枪杆显颤动。

扎枪枪位：上枪高不过头，低不过肩；中枪高不过胸，低不过腹；下枪高不过膝，低不触地。扎枪注重腰与上、下肢动作的协调用力配合；出枪时右手送枪与右腿蹬直，随之腰稍向左转用力要一致，最后动作要有爆发力；枪要平直向前扎出，力达枪尖是中平扎枪的要求。

中平枪是枪术的关键技术，枪杆在腰间。中平枪的技术掌握了，其他各种扎枪的技术也就容易掌握了。

2. 拦拿扎枪

①拦拿扎枪的预备势。左半马步持枪。右臂弯曲，右手心向内螺把持枪于右侧腰间；左臂微屈肘，手心向下握枪中段，两手持枪，枪尖向左斜前方。目视枪尖方向。

②左半马步拦枪。接上动。左半马步。左手持枪，臂经后旋与右手握枪把臂外旋；枪把段紧贴腹前，枪尖带动枪缨同向左后侧划弧拦枪；左手心向上握枪中段，右手心向下握枪把，随上体稍左倾，枪于体前向左侧呈稍斜上举状。目视枪尖方向。

③左半马步拿枪。上动不停，上体与左半马步随体重心前移，两手握枪，与拦枪动作相反做拿枪。目视枪尖方向。

④左弓步扎枪。上动不停，体重心前移，右腿前蹬直成左弓步。同时，两手握枪随右蹬腿向前用力扎枪；左手握枪，随前扎枪，体左转 90°，向内滑握与右手相撞击，左掌裹握右手把成两手心相对合握枪把，直臂；枪平举体前。目视枪尖方向。

⑤拦拿扎枪的动作要求。中平拦、拿枪，枪杆不离腰部；扎枪必须稍向左转腰，后腿蹬直左拧转，强调爆发力；拦枪时身体重心稍向后移，稍向右转体，拿枪时上体稍微前倾下压，稍左转。

3. 大翻把拦拿扎枪

①大翻把拦拿扎枪的预备势。右后点步前平举枪。两臂直，两手心相对握枪把段，左手在前。目视枪尖方向。

②右弓步大翻把拦枪。接上动。左脚支撑为轴，随体右转 90° ，右脚提起撤步成右弓步。同时，右手螺把握枪经内旋左臂向外翻转手，抽拉枪至右胸前，使枪中把段处靠贴在左胸前，右臂屈肘，手心向前；左手沿枪杆向中段滑握，随体右转 90° 的同时臂经外旋，手心向上握枪中段处成直臂左斜下举，枪尖向左斜下。目视左侧方向。

4. 拦枪

拦枪为防御性的枪法。枪尖向外划弧，其要求同拿枪，只是枪绕环方向相反。拦枪幅度不宜过大。拦枪是运用腰与左手臂外旋合力作用于对手枪杆（或其他器械）上，其方法必须通过对抗实践才能掌握。

5. 弓叉步拨枪

①弓叉步拨枪的预备势。并步站立，左稍上平持枪。左臂微屈，手心向前握枪中段处；右臂屈肘，右手心向内握枪把于右侧腰间。枪于体前向左侧斜举，枪尖向左稍斜上。目视枪尖方向。

②弓步下拨枪。接上动。左脚支撑为轴，随体右转 45° ，右脚提起向右斜前进步成右弓步。同时，两手握枪，经体前下向右摆拨枪，左手向右手前滑握枪至把段，两臂微屈，两手心相对，拇指一侧朝上。枪于体前斜下方举，枪尖向体前斜下方，力达枪头右侧面处。目视枪尖方向。

③叉步下拨枪。上动不停，左脚支撑为轴，随体左转约 60° ，右脚上蹬提起，经左脚后向左侧插落步成屈膝叉状步。同时，两手握枪，随插步左转体，枪尖从体前下向左侧斜下弧形摆拨枪，力达枪头左侧面，于体左侧斜下方举枪，枪尖向左侧稍斜后下方。左手握枪，随插步左转，向枪头方向滑握至枪中段，直臂，手心向前；右手握枪，向右侧胸前抽提枪，屈肘，肘尖向右斜上方，手心向前。目视枪尖方向。

④弓叉步拨枪的动作要求。左手滑握枪，握把必须松活自如。拨枪幅度应根据所需掌握滑握把的幅度大小决定，如连续前后拨枪，则拨枪幅度应小；连续移动拨枪时要与移动的步法协调配合。拨枪角度分上、中、下三个角度：上拨枪高

不过头，中拨枪高不过胸，下拨枪高不过膝。

6. 拿枪

拿枪为防御性的枪法。以左手为主，使枪前段由外向上、向里、向下绕环（直径约为二十厘米）拿枪。高不过头，低不过胯。拿枪用力，宜用右手与腰部协调配合的合力。

7. 劈枪

①劈枪的预备势。右后点步前斜下扎枪。

②左前点步摆举枪。接上动。重心后移，随体左转 45°，右脚踏实经左前点步过程。同时，两手握枪，左手向枪尖方向滑把，使枪尖经下向左后抡摆成左侧斜后下举，枪尖向左后斜下方，左手心向斜上握把于枪中段处，臂伸直；右手握枪，顺势向右上抽提枪，右臂屈肘，肘尖向右斜上方，臂经内旋，右手心向前握枪把于右肩前。目视枪尖方向。

③骑龙步劈枪。上动不停，右脚支撑，左脚提起后退成骑龙步。同时，两手握枪继续向后上抡摆，随退步体右转 90°，向前抡劈枪成体前举，力达枪头、枪杆前段。左臂微屈肘，手心向下握枪中后段；右臂屈肘，右手心向内握枪把于右侧腰间。目视枪尖方向。

④劈枪的动作要求。后抡枪必须展体、后仰身；劈枪呈稍含胸前倾的坐胯状。

8. 点枪

点枪属攻击性枪法，主要以枪尖点击对方的手腕、手部，以削弱对方的攻击能力。枪尖向上绕一小圈，随即向下短促用力点击，力达枪尖向上点高不过头，低不过肩；平点高不过肩，低不过胯；下点高不过膝，低不触地。点枪时，送枪滑把与下点枪，两次用力衔接要连贯、紧凑，不可分割。向下点枪短促有力，幅度不宜过大。该动作常与崩枪组合练习。点枪与点棍动作要点相同。

9. 崩枪

崩枪主要用于对方直线攻击时，以崩枪击落对方的器械，或迫使其改变攻击方向。崩枪时枪尖向上或向左（右）短促用力崩弹，力达枪杆前段与枪头处，使枪杆弹动。一般情况，上崩枪枪尖高不过头；平崩枪枪尖高不过胸，低不过腰；下崩枪枪尖高不过膝，低不触地。

10. 挑枪

挑枪属攻击性方法。挑枪主要用于挑击对方腰腋部或常用此方法挑脱对方手中器械。上挑枪，枪杆用力上挑。前挑枪，枪杆向斜前上方挑，稍高过头。挑枪力达枪中前段。枪术中常见的是挑枪和劈枪的动作组合。挑枪与挑棍动作要点相同。

11. 圈枪（缠枪）

拦、拿枪，里、外缠枪均属圈枪类枪法。圈枪虽简单，但若想掌握其基本枪法，进而达到运用自如的程度，则需要腰与步法紧密协调。圈枪时往往与里、外缠枪接架，劈、崩枪，平推枪、点枪等动作相结合，组成枪术组合运用到套路中。

①外圈枪的预备势。前后分腿站立。左斜前平举枪，左臂微屈，手心向前，活握把于枪中把段；右臂屈肘，右手心向内，螺把握枪把于左胸前，枪向左稍斜前方平举。目视枪尖方向。

②分腿站外圈枪。接上动。两手握枪，枪尖向下，右上、下，立圆划两圈呈外圈枪状。

③分腿站里圈枪。前后分腿站立。目视枪尖方向。两手握枪，枪尖向外向上、向内立圆绕环，为里圈枪。

④外圈枪的动作要求。左手前握把做缠枪练习时，手心需向上托握枪中后段处，手指应灵活地按圈枪方向运行，前把必须松活握把。

12. 锁喉穿枪

①锁喉穿枪的预备势。并步站立。体前左侧稍斜上举枪，枪尖向左斜上方。右臂屈肘，肘尖向右，右手握枪把于右侧腰间，手心向内；左臂微屈于左侧平举，手心向前握枪中段处。目视枪尖方向。

②点步穿举把。接上动。右脚支撑为轴，随体左转135°，左脚提起向前进步成右后点步。同时，右手调换把位，以把端领先向体斜前方穿把，经体前右斜上方举枪把过程，手心向上托握把；左手向枪尖方向滑握，并向体前斜上方推送枪，随即脱把，向左侧斜后下摆，经反臂斜后下举过程，掌心向斜后上方。目视枪把方向。

③开立步锁喉平举枪。上动不停，体重心后移，以两脚支撑为轴，体右转90°成开立步站立。同时，右手手心向上握枪缨处，以枪尖领先，头顺势后仰，经喉前摆穿枪（锁喉）成侧平举，枪尖向右。右臂屈肘，手心向上活把握枪；左臂掌随体右转，接握枪并向枪中把段处滑把，手心向上，臂稍屈。目视前方。

④锁喉穿枪的动作要求。右手握枪过喉穿枪，上体和头必须后仰，枪尖近喉时穿过，右手调换把方向要及时、准确，前后动作要连贯。

13. 扫枪

扫枪属攻击性方法，要以枪头扫击对方膝、踝、脚等部位。扫枪要平，不可忽高忽低。枪接近地面平摆，不可触地；扫枪时左手在前向枪头方向滑把；右手向右侧拉开，动作速度要快，幅度不宜过大。上、下肢配合要协调，步法移动要敏捷、轻灵。

14. 外圈弓步架劈枪

①外圈弓步架劈枪的预备势。分腿站立前举枪。

②外圈弓步架枪。接上动。左脚支撑为轴，随体右转 45°，右脚提起向右斜前进一步成右弓步。同时，两手握枪外缠枪两圈，顺势上架于头上稍左斜下举，枪尖向左斜下。左臂直，手心向上，活把握枪，托举枪中段；右臂略屈肘，手心向前，实握枪把向右侧上举。目视枪尖方向。

③骑龙步劈枪。上动不停，右脚支撑，随体右转 135°，左脚稍前移成骑龙步。同时，两手握枪，随体右转向体前抡劈枪，力达枪中前段。左手握枪稍向右手方向滑握把，握枪中后段处，手心向下，略屈肘；右臂屈肘，手心向内握枪把于右侧腰间。目视枪尖方向。

④外圈弓步架劈枪的动作要求。圈、架枪动作必须紧凑连贯；上举架枪与体右转同时完成，上体必须略微向右侧倾；前劈枪时左手要与枪杆上侧面接触，便于整体充沛发力。

15. 涮圈枪

①涮圈枪的预备势。开立步站立，两手左斜上持枪。右臂屈肘，右手心向内握枪把于右侧腰间；左手心向上，托握枪中段，于体前向左斜上举，枪尖向左斜前。目视左侧方向。

②右弓步状摆举枪。接上动。随体右侧倾，重心右移，呈右弓步状。同时，两手握枪，枪尖由左侧经体前平弧形向右侧摆，随体右拧转 90°，左手顺势向右手把方向滑握，与右手合握把呈体前平举枪，枪尖向前；左臂微屈肘，手心向右下；右臂屈肘，手心向上。目追视枪尖方向。

③开立步仰身涮枪斜抱。上动不停，开立步站立，两手握枪继续向右后、左侧方向摆涮枪；经左手把顺势向枪尖方向滑握，后仰身，于左侧斜上立举抱枪过程，枪尖向左侧斜上方。左臂直，左斜上举，手心向右斜上握枪中段，指尖向枪尖方向；右臂屈肘，右手握枪把于体前，手心向左斜下方。目视枪尖方向。

④开立步外圈枪。上动不停，两手握枪继续由左后向左侧平摆绕环涮枪成左斜前平举枪，随即两手握枪继续向前上、外圈枪成左斜前平举枪。

⑤涮圈枪的动作要求。涮圈枪时左手把必须顺势灵活地沿涮圈枪方向滑握把。上体、两臂与枪必须以腰带臂、臂带枪整体协调地完成涮圈枪练习。

16. 背穿出手枪

①背穿出手枪的预备势。右后点步前平扎举枪。两手握把处，左手在前，两手心相对。两臂直，体前平举枪，枪尖向前。目视枪尖方向。

②开立步后拉举枪。接上动。重心后移，两脚支撑为轴，体右转 90° ，成左右开立步。同时，右手握把向后拉移枪并调转握把方位，将右手心绕过把端，包握枪把内侧面，手心向上横握把，稍右摆斜下举，微屈肘；左臂微屈，掌心向斜上托握枪前段处，枪稍向体左侧上举，枪尖朝左侧斜上方。目视枪把端方向。

③高弓步背举枪。上动不停，随体重心前移，体稍左转呈左弓步站立状。同时，右手经横握把，臂内旋，随上体稍左倾，向体前左上弧形送举前穿枪；随即低头，两手握枪越过头，向右斜下拉枪，枪尖于体后左斜下举。同时，右臂微屈肘，反手横握把，手心向后握把端；左臂微屈肘，掌心向上，向枪尖方向托滑握举枪中段。目视枪尖方向。

④进步出手枪。上动不停，右脚支撑，左脚提起，经稍左进步状过程。同时，右手横握枪把，屈臂，向左斜上方推送枪，迅即枪脱手；左手向左斜上方托送枪，迅即向枪把端方向滑握枪，上体稍前倾；枪脱手经由背后腾空呈斜前上飞行状；左臂左侧斜上举，手心向斜上。目视枪体前方。

⑤进步接枪。接上动。随即右、左脚向枪飞行方向依次进步。同时，随体左转 135° ，右臂掌向右斜上方摆，以掌心一侧待接握枪把状；左臂掌顺势自然摆至左侧后斜下方，臂稍屈。目视枪行进方向。

⑥背穿出手枪的动作要求。右手与左手托送、推枪、出手、穿行时动作要协调一致，以控制枪把的穿行速度，从而使右手准确及时地接枪。

第三节　刀法与剑法套路动作

一、刀法技术教学

（一）刀法基本动作

刀法是一手持刀，另一手配合持刀手在运动中与肢体密切、协调配合所呈现出的各种刀术技能的动作方法。刀与手的配合要遵循“顺领合击，反向对称”的原则。

1. *劈刀*

劈刀分为斜劈刀与立劈刀两种，也有人称斜劈刀为砍刀，两种刀法在运用时有所区别。

（1）砍刀（斜劈刀）

第一，砍刀的预备势。开立步站立上举刀。两臂微屈，两手心相对，两拇指一侧朝后合握刀柄，向右侧斜后上立举刀；刀尖向右后斜上方，刀刃朝左斜前方。目视左斜前方。

第二，屈膝叉状步砍刀。接上动。右脚支撑为轴，左脚提起，随体左转135°，外摆落步成屈膝叉状步。同时，两手握刀，向左前下斜劈刀，力达刀中段处成体前斜上举刀，刀刃朝左斜下方；两臂屈肘于体前稍斜下举，右腕上翘，两手合握刀柄。目视右斜前方。

第三，砍刀的动作要求。刀向左前下方斜劈刀时要与手臂有一定的角度，用力时坐腕要下沉，力点在刀中段处。

（2）立劈刀

第一，立劈刀的预备势。右侧点步站立上举刀。左侧斜后上举刀，刀刃向右斜前上，刀尖朝左斜后上；两臂屈，两手合握刀柄。目视右侧方向。

第二，弓步劈刀。接上动。左脚支撑为轴，右脚提起向右侧进落步成右弓步。同时，左手脱握刀，变拳，左臂屈肘向左下摆，拳心向后；右手握刀，由右侧上向右下劈，力达刀中前段，右臂稍屈，手心向前。目视刀尖方向。

第三，立劈刀的动作要求。劈刀时手臂与刀应成一条直线；刀从上向下用力劈，力达刀刃中前段。

2. 崩刀

①崩刀的预备势。左正提膝前下扎刀。

②左弓步崩刀。接上动。右脚支撑为轴，随体左转约 30°，左脚向左侧落步成左弓步。同时，右手持刀，随体左转，迅猛向内、左斜上方用力扣摆、挑崩刀，力达刀尖段背侧处，右臂略屈肘，手心向下实把握刀，刀尖向左上，刀刃朝右斜上；左掌顺势侧立掌收于右胸前。目视右侧前方。

③崩刀的动作要求。崩刀时要沉腕内扣，力点必须明确。

3. 分刀

分刀有平分刀、立分刀两种形式，以刀刃领先向外移。

（1）平分刀

第一，平分刀的预备势。两脚开立步站立。右手持刀，屈臂，手心向下平举刀，刀刃向前方；左臂屈肘，左手心向下于左胸前平举，以掌指扶触右腕上侧。目视体前方。

第二，开立步平分刀。接上动，下肢不变。右手握刀，以刀刃一侧领先，与左掌以小指一侧领先，分别向前右、左两侧弧形水平摆分刀，经右、左直臂侧平举过程，两手心均向下。刀刃向后，刀尖朝右。目视右侧方向。

（2）立分刀

两脚开立步站立。上动不停，下肢不变。右手握刀与左手、臂同时向下摆，两臂均内旋于腹前下两腕经交叉过程，顺势两臂向头上弧形摆，经上交叉，继而右手握刀以刀刃领先，立圆向右分刀。左直臂，立掌向左侧平举；右直臂，手心向前握刀于右侧平举，刀尖向右，刀刃朝下。目视体右侧。开立步立分刀动作要求是分刀，均以刀刃领先做平、立、弧形摆分刀；立分刀时两腕由下向上经交叉过程完成分刀动作。

4. 背刀

（1）背后举刀

①背后举刀的预备势。左弓步前扎刀状。

②背后举刀的动作要求。接上动。右脚支撑，左脚蹬提起，重心后移，收并于右脚内侧成并步站立。同时，右手持刀，以刀背领先，随并步向背后上挑刀成背后倒立举刀，刀尖向下，刀刃朝后。右臂微屈右侧上举，手心向左；左掌变拳，收抱肘于左侧腰间。目视体前方。

（2）肩背举刀

①左侧点步站立。右臂微屈，右手心向前，于右侧斜上方握举刀，刀尖向左

斜下方，刀刃朝右后斜上方，刀背侧触贴右臂或肩后侧面；左臂屈，左掌心向下，腕内扣。目视左侧方向。

②肩背举刀的动作要求。背刀多见于刀术中定势及过渡性动作。运动中刀背可与肩、背、臂接触，但刀刃不可触及身体任何部位。

5. 格刀

①格刀的预备势。并步站立，右斜后上举刀，刀尖向右斜后上方，刀刃朝左斜前上；两臂稍屈肘，两手合握刀柄举于头右上侧。目视体前方。

②左进步左格刀。接上动。左脚提起，随体左转约 90°，经体前进步状过程。同时，两手合握刀柄，右臂经外旋，左臂内旋，随左脚前进步，体左转，以刀刃领先，向左侧外斜上格挡，力达刀刃中前段处。两臂屈，右手心向上；左手心向下，合握刀柄举于左胸前处。目视前方。

③右进步右格刀。上动不停，同左进步左格刀，唯动作方向相反。

④格刀的动作要求。格刀前，以手臂旋转及手腕用力为主，并与腰部协调用力配合。格刀一般向左、右格击，刀移动范围不宜过大，以在两肩向前延长线之间为宜。

6. 错刀

（1）上立错刀

第一，上立错刀的预备势。左弓步状。两手左侧持刀平举，刀刃向上，刀尖朝左。左臂微屈肘，掌心向前，指尖朝上以虎口处向上托架刀背中前段；右肘屈，右手螺把握刀柄，手心向前。目视刀尖方向。

第二，上立错刀斜举。接上动。左弓步不变。随体右转 45°，两手同时持刀，由前向右上弧形立刀上摆错，力达刀刃，刀尖向左斜下方，刀刃朝左斜上，两手心均朝下，左手虎口拇指与食指夹扶托刀背侧面的中段，屈肘；右臂微屈肘，右手活把握刀柄于右侧。目视右手方向。

（2）骑龙步下平错刀

上动不停，两脚支撑为轴，上体稍右拧转约 35° 呈骑龙步状。同时，双手持刀，经体转，在右稍下再向左平错刀，力达刀刃，刀尖向左，刀刃朝前；左臂微屈肘，向左侧斜下举，手心向下，扶触刀背中前段的上侧面；右臂屈肘，右手螺把握刀柄于腹前，手心向下。目视刀尖方向。骑龙步下平错刀的动作要求是下平错刀要与拧腰转胯动作协调配合。

（二）藏刀势

1. *腰侧平藏刀势*

①左弓步腰侧藏刀势。左弓步，右手持刀于左侧腰间平举刀；刀尖向后，刀刃朝左；右臂屈，前臂于胸前平举，手心向下握刀于左腋前；左亮掌于左侧头上方，臂微屈。目视前方。

②右虚步腰侧平藏刀势。右虚步，右手实把握刀于左侧，成前后平举，刀刃向左，刀尖朝后；右臂屈，前臂平举于体前，右手握刀于左腋下藏刀（或立藏刀，刃向外刀尖朝上），手心向下；左掌于左侧头上亮掌。目视右侧斜前方。

③腰侧平藏刀势的动作要求是藏刀刀背可以接触身体。

2. *右弓步藏刀推掌势*

①右弓步。右手持刀于右侧稍斜下举，肘稍屈；左立掌直臂向前推击。目视左掌前方。

②右弓步藏刀推掌势的动作要求。刀尖于右膝外侧处，右腕上翘内扣（与竞技武术自选刀术要求有别）。

（三）交接抱刀

第一，交刀。左手八字掌，手心向上（待接刀状）；右手持刀交于左手。两臂屈肘于腹前。

第二，接抱刀。左手接握刀，拇指与食指环握刀柄于虎口内，其余手指环扣护手盘边沿。随即右手脱握刀把，右臂自然下垂于体右侧；左手持抱刀，刀尖朝上，刀背贴靠左臂，臂微屈下垂成左立抱持刀势。

第三，起、收势持刀法。两脚并步站立。右臂屈，右手实握刀把于右胸侧，手心向内，刀尖向上，刀刃朝左；左臂屈，掌内扣，手心向斜后下，指尖朝斜内下。目视前方。

第四，交接抱刀的动作要求。抱刀时，刀刃不可触及身体任何部位；持抱刀必须刀背贴靠左臂前侧面。握刀之手手感在掌心、手指，手要松活、坚韧而有力，要在坚韧的基础上松柔灵活地握刀，要有十分轻松之感。握刀不可过紧，过紧则易僵，影响运刀。

二、剑法技术教学

（一）剑指握法

第一，斜上立举左八字掌。五指伸展，四指并拢，拇指外展成立举八字掌。

第二，无名指、小指内屈扣。接上动。食指、中指、拇指不变，无名指与小指向内屈扣。

第三，拇指内扣成剑指。接上动。拇指内屈压于无名指与小指第一指节上。

第四，平指。当剑指手背向上为平指。剑指手立举则为立指。

（二）握把法

第一，实握把。右手握剑柄前端，剑与前臂近直角。手紧握剑如握拳状，称作实握把，斜劈剑多采用实握把法。

第二，螺握把。手握剑柄前端，剑与臂在一直线上，因为手型呈螺形状，所以称作螺握把，平斩、刺剑多采用螺握把。

第三，活把（钳把）。剑在运动中，持剑手以拇指、食指和虎口的夹持力，将剑柄前端钳握，其余三指附于剑柄或协助控制剑体，根据剑运行的不同需求，紧松程度也有所区别。云剑、剪、撩腕花、上带架剑等剑法均采用活握把法。此握法与刁把握法近似。

（三）剑法基本动作

1. 劈斩剑

①劈斩剑的预备势。左侧点步上举剑，剑尖向右斜后上方。小指一侧剑刃向斜前上方。两臂屈，两手心相对合握剑柄举于右肩上。目视左侧方向。

②左弓步斜劈剑。接上动。右脚支撑为轴，随体左转 80°，左脚提起向前落步成左高势弓步。同时，两手合握剑随体左转，以小指一侧剑刃领先，由上向右斜前下方斜劈，力达剑刃中段，剑尖高于剑柄，两臂微屈，向左前斜下举。目视右斜前下方。

③并步站立平斩剑。接上动。先以两脚支撑为轴，随体右转 90°，迅即右脚支撑，左脚提起收至右脚内侧成并步站立。同时，两手握剑于头前斜向右运剑。右臂内旋，以小指一侧剑刃领先，右手持剑，手心朝下，手腕平直，向右平摆斩剑至右侧平举，力达小指一侧剑刃中前段，剑刃向前后，剑尖朝右，臂伸直；左手在右平斩剑时脱握剑把，侧立剑指摆于右胸前。目视剑尖方向。

④劈斩剑的动作要求。斩剑臂与剑要在一条直线上，两臂弯曲；斜下劈剑，两臂与剑之间应有适度夹角。

2. 刺崩剑

①刺崩剑的预备势。左侧点步。右手持剑，手臂稍屈，拇指一侧剑刃向上；左臂稍直、立剑指、手心向前。目视左侧方向。

②叉状步刺剑。接上动。左脚提起，随体左转 90° 稍外摆进落步撑，重心前移成直腿叉状步。同时，右手持剑顺势向前方刺剑，力达剑尖，臂与剑在一平直线上，剑刃朝上下，右手心向左；左臂顺势屈肘，剑指扶触右前臂内侧，手心向右，指尖向斜上。目视剑尖方向。

③盖跳弓步崩剑。上动不停，左脚支撑为轴，随体左转 90° ，右脚提起经左脚前上盖跳落步撑；随即左脚提起，向左侧撤步成左弓步。同时，右手活把持剑，手腕向内屈摆，臂稍屈沉肘，剑尖向左斜上内摆崩剑，力达拇指一侧剑刃前段；左臂剑指顺势摆于左侧后斜下方成反臂斜下举，肘稍屈。目视右侧方向。

④刺崩剑的动作要求。刺剑用力要短促，要借助蹬腿转腰的合力完成动作；向内崩剑上体稍左侧倾斜。

3. 上云剑

①上云剑的预备势。开立步站立。右侧平举剑，剑刃向前后，手心向下；左臂左侧平举，手心向下，指尖朝左。目视右侧方向。

②左云剑弓步斜劈。接上动。两脚支撑为轴，随体左转 90° 成左弓步状。同时，右手持剑，以拇指一侧剑刃领先，向左侧头上平圆云剑一周；随即以小指一侧剑刃领先，向体前左斜下劈剑，力达小指一侧剑刃中前段。臂微屈，手心向斜上；随体左转，左臂剑指顺势向左侧后摆成反臂斜下举。目视剑尖方向。

③点步云截剑。上动不停，两脚支撑为轴，随体右转 225° 成左后点步。同时，右手持剑，随体右转，以拇指一侧剑刃领先托剑上举，向头右上方平云剑，顺势向右侧后斜下摆截剑；力达小指一侧剑刃前段处，剑向右后斜下举，剑尖向后斜下。右臂直，手心向斜下，左臂掌顺势经体前向右平摆，屈肘，剑指于左胸前呈右斜下举状，手心斜向下。目视剑尖方向。

④上云剑的动作要求。右手松握剑，目追视剑，头上云剑必须平圆环绕，转体与云剑协调一致。

4. 穿挂剑

①穿挂剑的预备势。开立步站立。右手持剑于体右侧倒立，剑尖朝下。右手拳眼向下，手心朝后；左臂自然下垂。目视右侧方向。

②体前后穿挂剑。接上动。右手持剑，以剑尖领先向体前下、左上、右后顺势立圆穿挂剑（前、后）各一周，于右侧反手倒立持剑，同预备势。同时，左臂掌同挂剑动势线，顺势绕环至左侧下垂，同预备势。目视右侧前方。

③穿挂剑的动作要求。穿挂剑必须近身、立圆，腰带臂、臂带剑，连贯完整。前挂剑实把持剑，手腕必须内扣；后挂剑宜用活把反手持剑，手腕内扣。

参考文献

［1］冯锦华:《中华武术文化理念与教育研究》，北京工业大学出版社，2020。

［2］郭洪涛:《武术与中医学》，中国中医药出版社，2017。

［3］李萍:《哲学视域下中华武术文化研究》，东北师范大学出版社，2011。

［4］王磊:《武术与武术文化教学》，北京工业大学出版社，2020。

［5］李龙:《中国武术记忆》，苏州大学出版社，2022。

［6］李印东:《武道神艺：中国武术》，北京教育出版社，2013。

［7］钟海明、马若愚:《中华武道概论》，中国民主法制出版社，2009。

［8］周克臣、纪红建:《中华武术急先锋》，湖南人民出版社，2014。

［9］陈学海、王丹、陈珊:《中华武术之路》，新华出版社，2014。

［10］陈心平、厉金伟、周清泉:《中华武术概论》，杭州出版社，2005。

［11］刘以:《中华武术》，延边大学出版社，2007。

［12］汪珂永:《中华传统武术文化及传承》，光明日报出版社，2016。

［13］高源、刘根发:《中国武术发展传播及文化传承探究》，吉林人民出版社，2020。

［14］段三真:《中国武术文化史研究》，北方文艺出版社，2022。

［15］任海著:《中国武术史话》，中国国际广播出版社，2020。

［16］申国卿、邓方华:《中国武术导论》，重庆大学出版社，2016。

［17］刘翔:《中国传统武术发展及其现代转型研究》，北京工业大学出版社，2021。

［18］武善锋:《中国武术文化的嬗变与传承策略研究》，北京工业大学出版社，2018。

［19］苏新勇、余晓、任广花:《中国武术史研究》，光明日报出版社，2015。

［20］张泽正:《中国武术技法》，三晋出版社，2013。

［21］康亚峰、夏红燕:《论武术文化空间的变迁》，《商丘师范学院学报》2023 年第 3 期。

[22] 朱培铭:《社会变迁视野下中国武术文化的价值演变研究》,《当代体育科技》2022 年第 25 期。
[23] 刘梦恬:《从文化角度分析中华武术的基本特征》,《文化学刊》2022 年第 8 期。
[24] 马蓉:《武术文化培育探析》,《武术研究》2022 年第 7 期。
[25] 张硕:《武术文化传承内容及路径研究》,《武术研究》2022 年第 4 期。
[26] 王路路:《文化自信视角下当代武术发展策略研究》,《武术研究》2022 年第 1 期。
[27] 陈芳芳、陈祥子:《式微与重塑:论文化自信视角下的传统武术文化》,《宿州学院学报》2021 年第 8 期。
[28] 王春林:《武术研究方向的时代性刍议》,《武术研究》2020 年第 10 期。
[29] 文凤:《现代武术文化发展的困境与出路探析》,《武术研究》2020 年第 4 期。
[30] 姜丽敏、侯连奎:《中国武术:一式一招的智慧解读》,《武术研究》2019 年第 9 期。
[31] 白天寅、刘国忠:《试论武术文化的哲学基础》,《中国科技信息》2006 年第 2 期。
[32] 拜崇善:《中华武术文化国际化精准传播路径探析》,《中国出版》2023年第 20 期。
[33] 孙刚:《新时期武术审美教育的文化使命与实践方略》,《搏击(武术科学)》2011 年第 9 期。
[34] 程秋雷、王祥安、陈太菊:《中华武术文化观的生成维度、价值维度、实践维度探究》,《武术研究》2023 年第 5 期。
[35] 冯香红:《中华剑艺的分层技术结构及传承发展研究》,《北京体育大学学报》2021 年第 8 期。
[36] 郭伊纳:《当代太极拳文化特征及传播价值》,《体育时空》2018 年第 16 期。
[37] 郭义轩、闫亚平:《中华武术美国推广现状与发展对策研究》,《武术研究》2022 年第 6 期。
[38] 郝士凤:《24 式简化太极拳的翻转课堂教学模式研究》,《文体用品与科技》2019 年第 19 期。
[39] 何悦:《中华武术文化价值理念探析》,《武术研究》2020 年第 11 期。
[40] 姬晶晶:《中华武术文化价值理念与传播路径探析》,《拳击与格斗》2022 年第 11 期。

［41］贾俊刚:《中华武术文化浅探》,《文体用品与科技》2015 年第 6 期。
［42］姜飞、王勇、罗应景等:《中华武术“打、育、玩”一体化的演进规律与发展策略》,《体育学刊》2022 年第 4 期。
［43］李富刚:《武术套路“程式之美”的解读》,《武汉体育学院学报》2016 年第 11 期。
［44］苏奕敏、宋同顺、汤立许:《中国武术的世俗化传统与文化自信》,《湖北体育科技》2023 年第 1 期。
［45］李信厚:《中华武术跨文化传播中“文化折扣”现象省思》,《体育学刊》2022 年第 2 期。
［46］李阳:《中国武术文化内涵与价值研究》,《新乡学院学报（自然科学版）》2010 年第 3 期。
［47］刘鹏、孙刚:《中国武术技艺之内劲的审美评判》,《体育学刊》2018 年第 3 期。
［48］刘素静、王海泊、马振水:《作为体悟的中华武术文化现象解读》,《河北体育学院学报》2012 年第 4 期。
［49］罗应景、杨建营:《新媒体时代中华武术“网红”传播路径探析》,《体育学刊》2021 年第 5 期。
［50］赵莹烜、姚琳、田云刚:《中华武术文化的自信探析》,《文化学刊》2019 年第 4 期。
［51］李成、丁保玉:《新时代中华武术文化价值研究》,《武术研究》2019 年第 1 期。
［52］马文国:《文化社会学视角下中华武术文化自信的重构机制》,《西安体育学院学报》2021 年第 5 期。
［53］彭国强、夏一帆、杨建营:《中华武术之“劲”的学理阐幽及训练要义探赜》,《武汉体育学院学报》2022 年第 9 期。
［54］乔吾:《中华武术文化的传承与发展》,《九江职业技术学院学报》2011 年第 3 期。
［55］孙刚:《生命美学视域下中国武术审美文化探索》,《武汉体育学院学报》2015 年第 1 期。
［56］谭润芳:《中华武术文化传播的思考》,《运动》2011 年第 4 期。
［57］杨建营、王水利:《中华武术的文化精神研究》,《武汉体育学院学报》2019 年第 3 期。

[58] 王洪潇、温搏、张晓旗等:《现代中华武术精神及其当代价值研究》,《武术研究》2022 年第 1 期。
[59] 王小安:《论中华武术文化的基本特征》,《群文天地》2010 年第 2 期。
[60] 谢晓清、谭飞:《武术套路运动的美学特征与艺术性研究》,《搏击(体育论坛)》2015 年第 5 期。
[61] 叶威武、李世宏:《中华武术文化“走出去”的文化自觉、自尊、自信与自强》,《哈尔滨体育学院学报》2023 年第 3 期。
[62] 余可:《中国武术的文化特征初探》,《文化创新比较研究》2021 年第 14 期。
[63] 张江龙、淳友忠:《新时代文化自信视野下中华武术文化的发展路径研究》,《武术研究》2018 年第 6 期。
[64] 张琳:《新时代中华武术精神的演进与发展研究》,《武术研究》2022年第 1 期。
[65] 张凌霜:《文化自信视角下的中华武术文化传承策略研究》,《运动精品》2020年第 6 期。
[66] 张垚、马敏卿、董慧娟:《求存到传续:八极拳价值变迁研究》,《武术研究》2023 年第 8 期。
[67] 张子兵、张健、蔡峰等:《基于健康中国战略目标的中华武术发展研究》,《浙江体育科学》2022 年第 5 期。
[68] 周海波:《浅析当代社会生活方式变化对武术运动发展的影响》,《当代体育科技》2021 年第 13 期。
[69] 周新红、郑健:《手型、手法在国际武术竞赛套路长拳中应用研究》,《中华武术(研究)》2014 年第 7 期。
[70] 朱永飞、刘德森:《试论新时代背景下中华武术文化“走出去”的路径》,《宿州学院学报》2019 年第 6 期。
[71] 高慧:《中国武术的传承与传播》,《人文天下》2020 年第 23 期。
[72] 马东成:《中国武术棍文化研究》,天津体育学院 2012 年硕士学位论文。
[73] 唐玄戈:《“变异性练习”在武术套路跳跃类难度动作教学中的应用研究》,云南大学 2018 年硕士学位论文。
[74] 官猜:《武术文化的民族认同:历史演进与价值分析》,长江大学 2024 年硕士学位毕业论文。
[75] 刘通:《武术技理生产研究》,山东师范大学 2022 年硕士学位毕业论文。
[76] 邹昊:《文化走出去战略下中华武术国际化精准传播研究》,南京师范大学

2021 年硕士学位毕业论文。
［77］韩金清：《中国武术技术行为的演进研究》，武汉体育学院 2019 年硕士学位毕业论文。
［78］余沁芸：《武术产业到武术创意产业的实现路径》，浙江大学 2017 年硕士学位毕业论文。
［79］何艳强：《武术教育中武术文化传承的研究》，河南大学 2013 年硕士学位毕业论文。
［80］黄震：《中华武术国际化传播模式研究》，河南大学 2012 年硕士学位毕业论文。
［81］林春凯、卢清岛：《传承中华武术文化》，《石狮日报》2010 年 4 月 18 日第 1 版。
［82］王媛：《传承中华武术魂》，《山西经济日报》2004 年 12 月 6 日第 7 版。
［83］谭湘竹：《诵百年经典习中华武术》，《黑龙江日报》2010 年 9 月 27 日第 12 版。
［84］郑红深：《中国武术任重道远》，《人民日报海外版》2009 年 10 月 21 日第 8 版。
［85］肖菲：《揭开中国武术神秘外衣》，《北京科技报》2013 年 9 月 2 日第 34 版。
［86］庹新岗、李辞：《中华传统武术不容矮化》，《长沙晚报》2017 年 5 月 4 日第 11 版。
［87］罗俊：《中国传统武术路在何方》，《人民日报海外版》2009 年 1 月 7 日第 8 版。
［88］江德斌：《该给传统武术的实践性去魅了》，《新疆日报（汉）》2017 年 5 月 3 日第 3 版。
［89］刘波：《武术：从去神秘化到产业化》，《21 世纪经济报道》2013 年 8 月 9 日第 4 版。
［90］宋克顺：《武动天下》，《湖北日报》2008 年 10 月 28 日第 1 版。
［91］孙龙飞：《青春主场丨中华武术，传递文化精髓感受体育精神》，2023 年 8 月，人民日报客户端体育频道（https://www.peopleapp.com/column/30035399908-500000572472）。
［92］荣浩浩：《人民体谈：追梦赤子，让世界看到中华武术的魅力》，2023 年 8 月，人民网观点频道（http://opinion.people.com.cn/n1/2023/0801/c437949-40048262.html）。

[93] Wang F, "The Development Path of Traditional Martial Arts in China in the Context of the Development of Globalization", *Journal of Sociology and Ethnology*, Vol.11, 2022.

[94] Zhanyu L, "A Cultural Philosophical Study of Wushu's Modernization and the Basis of Its Universal Value", *International Journal of Sport and Health Science*, Vol.0, 2022.

[95] Yashuang F, "The Influence of the Philosophy of Traditional Chinese Martial Arts on the Development of Public Health Education", *Indian Journal of Pharmaceutical Sciences*, Vol.1, 2019.